Andreas Bochmann / Ralf Näther

Sexualität
bei Christen

Wie Christen ihre Sexualität leben
und was sie dabei beeinflusst

Empirische Studien und Diskussionsbeiträge

W0175671

BRUNNEN VERLAG GIESSEN / BASEL
THEOLOGISCHE HOCHSCHULE FRIEDENSAU

© 2002 Theologische Hochschule Friedensau
Umschlagmotiv: IFA Bilderteam, Frankfurt
Umschlaggestaltung: Ralf Simon
Druck und Bindung: St.-Johannis-Druckerei, Lahr
ISBN 3-7655-1313-X (BRUNNEN)
ISBN 3-935480-05-9 (ThH Friedensau)

Inhalt

Vorwort

Trotz aller sexueller Freizügigkeit– oder gerade deshalb – ist Sexualität für Christen noch immer ein gewagtes Thema. Mit diesem Band sogar Studien zur Sexualität vorzulegen, die explizit Einstellungen zur Sexualität und zum Sexualverhalten von Christen untersuchen, ist eine Herausforderung, die einer Begründung und einer soliden Grundlage bedarf.

Die erste hier dargestellte empirische Studie befasst sich mit Jugendsexualität. Innerhalb der Adventjugend (der Jugendorganisation der Freikirche der Siebenten-Tags-Adventisten) gab es eine solche Untersuchung in Vorbereitung auf ein Jugendbibelwochenende zum Thema Sexualität. Ihr folgte dann eine Replikationsstudie an öffentlichen Schulen in Berlin und Brandenburg unter der Schirmherrschaft des Instituts für Familien und Sozialforschung der Theologischen Hochschule Friedensau. Insgesamt gab es gut 1000 Probanden die anonym einen Fragebogen zum Sexualverhalten, zur emotionalen und kognitiven Einstellung ausfüllten. Diese Studie aus der Mitte der 90er Jahre wird hier aus mehreren Gründen eingebracht.

Zum einen beginnt das Thema „Sexualität" – selbst im engeren Sinne – keineswegs im Erwachsenenalter oder gar in der Ehe. Jugendsexualität kann wohl unbestritten als prägend für weitere Entwicklungen in der erwachsenen Sexualität angesehen werden. Zum anderen bietet die Studie einen tiefen Einblick in Gemeinsamkeiten und Unterschiede im Sexualverhalten, aber auch in den Einstellungen zur Sexualität zwischen christlichen und nicht-christlichen Jugendlichen. Die Ergebnisse lassen interessante Vermutungen über den leider noch nicht vorhandenen direkten Vergleich der Sexualität christlicher mit nicht-christlich orientierten Erwachsenen zu.

Die zweite, ausführlichste Studie ist eine Untersuchung zur sexuellen Zufriedenheit christlicher Ehepaare. Im Rahmen einer von mir begleiteten Diplomarbeit untersuchte Ralf NÄTHER, ehemaliger Student des Fachbereiches Christliches Sozialwesen der Theologischen Hochschule Friedensau das Thema mit Hilfe eines Fragebogens, der in der christlichen Ehe- und Familienzeitschrift „Family" veröffentlicht wurde. Der Rücklauf betrug innerhalb eines Monats gut 1000 Fragebögen, obwohl die Family keine Erklärungen, geschweige denn Anreize zur Teilnahme gegeben hatte. Bei einer Auflagenhöhe von

90.000 ist das nicht überwältigend, aber angesichts des Themas, der fehlenden Erläuterung und der Kürze der Zeit durchaus beachtlich und aufgrund der absoluten Zahlen und der demographischen Verteilung als repräsentativ zu sehen. Sein Beitrag ist die leicht gekürzte und überarbeitete Fassung seiner Diplomarbeit.

Eine dritte, kleine Studie soll als Ergänzung zur Studie von Ralf NÄTHER den direkten Zusammenhang zwischen Glauben und sexueller Zufriedenheit deutlicher aufzeigen, als es in jener Studie möglich war. Gesammelte, anonyme Daten aus dem international eingesetzten Testinstrumentarium „ENRICH" werden dazu analysiert und die Ergebnisse kommentiert.

Natürlich gab und gibt es auch Kritik an solcher Art Projekten. In einem Brief fragte ein Leser entsetzt, was es denn einem christlichen Paar nutze zu wissen, was andere Paare wie oft in ihrem Schlafzimmer tun. Die ehrliche Antwort darauf: nichts! Die Gefahr eines unkeuschen Voyeurismus, die er beschwor, ist in der Tat ernst zu nehmen. Es wäre schlimm, wenn beispielsweise nach dem Motto „andere Christen tun es doch auch" Frauen von ihren Männern unter Druck gesetzt würden, bestimmte Sexualpraktiken auszuprobieren, zu denen sie selbst nicht bereit ist.

Umgekehrt ist es aber genauso fragwürdig, das, was die öffentlichen Medien zum Thema Sexualität suggerieren, ungeprüft zu übernehmen. Gerade Christen werden oft hinsichtlich ihrer Sexualität verunglimpft, ohne dass die Vermutungen je wissenschaftlich belegt worden wären! Zumindest im deutschsprachigen Raum gab es meines Wissens keine empirische Untersuchung zum Sexualverhalten von Christen.

Hier bekenne ich mich zur Forschung – mit Leidenschaft und Aufrichtigkeit. Seit wir vom Baum der Erkenntnis gegessen haben, können wir uns um Erkenntnisse nicht mehr drücken! Dennoch und gerade deshalb möchte ich vor die Präsentation der Studien eine kurze biblische Betrachtung und theologische Reflexion zur Sexualethik stellen. Ich hoffe mit diesem vorangestellten Beitrag nicht nur eine Begründung für die Forschungsprojekte zu liefern, sondern auch zur theologischen Auseinandersetzung anzuregen.

Sozialwissenschaften haben deskriptiven, Theologie hat normativen Charakter. Nur unter dieser Voraussetzung können wir bei der Lektüre dieses insgesamt eher sozialwissenschaftlich ausgerichteten Bandes vor schwerwiegenden Missverständnissen bewahrt bleiben.

Dann aber, so hoffe ich, werden diese Studie gewinnbringend, erhellend – vielleicht sogar anregend sein.

Für die gute Zusammenarbeit mit dem Brunnen-Verlag kann ich mich nur herzlich bedanken.

Friedensau, im Herbst 2002   Andreas Bochmann

Biblische Sexualethik – ein Anachronismus?[1]

Andreas Bochmann

1. Einleitung

Der Begriff „Sexualethik" (und letztlich jeder Ethik) muss in einer postmodernen Zeit der Unverbindlichkeit und Beliebigkeit geradezu wie ein grotesker Anachronismus anmuten. Nun ist die Bibel ja älter als die Postmoderne ... Insofern darf ein solches Unterfangen dennoch gewagt werden.

Der Titel dieser Überlegungen impliziert, dass es so etwas wie eine biblische Sexualethik gibt! Womöglich sogar nur *eine*. Das ist jedoch keineswegs so selbstverständlich, wie es auf den ersten Blick scheint. Die Bibel ist im wesentlichen ja ein religiöses Buch. Fragt man jemanden auf der Straße, was ihr oder ihm zur Bibel einfällt, wird es wohl selten *Sex* sein. Hinzu kommt noch die Tatsache, dass die Bücher der Bibel in ganz unterschiedlichen Zeitepochen, Kulturen und von ganz unterschiedlichen Menschen geschrieben wurde. Wir müssen deshalb, wenn überhaupt mit *einer* Sexualethik, dann doch mit unterschiedlichen Ansätzen – zumindest in den Nuancierungen rechnen.

Zum zweiten impliziert der Titel, dass sich innerhalb der Gesellschaft in Bezug auf Sexualität grundlegend etwas verändert hat, so dass das Haltbarkeitsdatum einer – zunächst einmal nachzuweisenden Sexualethik – abgelaufen ist. Würde eine solche Veränderung nicht stattgefunden haben, könnte man schwerlich von einem Anachronismus reden. Das Grundlegende der Veränderungen (die ich ja keineswegs in Frage stelle) ist aber eben nicht so selbstevident, dass man es nicht in Frage stellen könnte. Um es ganz platt zu sagen:

---

[1] Diese Ausführungen basieren auf einem Vortrag, den ich im *Nikolasseer Forum* gehalten habe, einer Veranstaltung der Adventgemeinde Nikolassee, die eine intellektuelle und zugleich christliche Auseinandersetzung mit brisanten Themen anregen will.

Menschen hatten seit Beginn der Menschheitsgeschichte Sex[2] und wenn man mal von der modernen Reproduktionsmedizin absieht mit künstlicher Insemination oder *in vitro* Fertilisation, dann fand Sex im Prinzip immer auf die gleiche Art und Weise statt. Weshalb also sollten sich die Regeln verändert haben?

Zunächst eine Vorbemerkung zum Inhalt dieser Ausführungen und des ganzen Buches: Sex ist ein Reizwort, weil es zutiefst unser Menschsein beschreibt. Ohne Sex wären wir nicht da – auch wenn es uns manchmal schwer fällt uns vorzustellen, dass unsere Eltern Sex hatten. Weil der Begriff der Sexualität so tief geht, löst er auch so viel aus: Vorurteile, Erwartungen, Sehnsüchte und erregte Debatten (mit allen Konnotationen des Wortes „erregt").

Über dieses Thema im christlichen Kontext zu schreiben, ist ein Risiko, weil es viele Leserinnen und Leser frustrierend sein wird. Den einen wird schon die Tatsache an sich ein Dorn im Auge sein, dass es dieses Buch gibt,[3] den anderen wird es nicht weit genug gehen. In sofern möchte diese einführende Betrachtung zur Sexualethik durchaus so etwas wie eine Apologetik sein. Um das Risiko, sehr viel Kritik zu ernten, ein wenig zu mindern, habe ich den Impuls, mich ganz wissenschaftlich auf die Beschreibung von Sachverhalten zurückzuziehen. Das ist aber schwerlich möglich bei diesem Thema, erst recht, wenn selbst die Beschreibung von Sachverhalten oft schon Kritik hervorruft. Die Autoren dieses Bandes machen sich verwundbar und setzen sich dem Vorurteil aus, nichts anderes im Kopf zu haben, als Sex. Immerhin setzt dieses Vorurteil schon mal an der richtigen Stelle an, denn Sex hat vor allem mit dem Kopf zu tun ...

Diese einleitende Arbeit wird sich mit der biblischen Sexualethik, wie ich sie verstehe, befassen. Dabei geht es nicht um eine grundlegende Diskussion von Sinn und Zweck einer Ethik überhaupt – also

---

[2] „Sex" und „Geschlechtsverkehr" sind natürlich nicht identisch. Wenn hier der Begriff „Sex" vereinfachend für „Geschlechtsverkehr" verwendet wird, soll damit nicht nur eine saloppe Formulierung angeboten werden, sondern eben auch deutlich werden, dass „Geschlechtsverkehr" nur einen Teilaspekt menschlicher Sexualität beschreibt. Geschlechtsverkehr ist eine Begleiterscheinung unseres sexuellen Seins. Oder anders herum: Wir werden nicht erst durch den Geschlechtsverkehr zu sexuellen Wesen, sondern vollführen den Geschlechtsakt, weil wir sexuelle Wesen sind.

[3] So z.B. Huntemann (1971), der eine Versachlichung des Themas „Sexualität" mit Schamlosigkeit gleichsetzt, weil Sexualität keine Sache sei.

um die philosophischen und erkenntnistheoretischen Grundlagen,
sondern um Sexualität – also die praktische Seite der Sexualethik.

2. Sexualethik und Bibel

Über Sexualität wird in der Bibel sehr offen, aber auch auf ganz
unterschiedlichen Ebenen berichtet:
  anthropologisch
  normativ – regulativ
  geschichtlich
  poetisch
  seelsorgerlich (eventuell könnte man diese Gattung auch dem
  Normativen zuordnen)
Aus diesen unterschiedlichen Beschreibungsformen habe ich versucht, eine Sexualethik abzuleiten. Mit anderen Worten, es gibt m.E.
keine explizite Sexualethik in der Bibel, sondern bestenfalls eine
implizite, die beeinflusst ist von der jeweiligen Weltsicht und Kultur.
Es ist somit eine kontextuelle Ethik, aber keineswegs eine prinzi-
pienlose. Die ethischen Grundprinzipien der Bibel zum Thema Sexualität herauszuarbeiten, ist das Bemühen der folgenden Seiten.

2.1 Anthropologisch

Bereits ganz am Anfang der Bibel, in den ersten beiden Kapiteln der
Bibel, wird viel über Sexualität des Menschen ausgesagt – und zwar
sowohl über Sex (die sexuelle Aktivität) als auch über Sexualität (das
Sexuell-sein).

*Und Gott schuf den Menschen zu seinem Bilde, zum Bilde Gottes
schuf er ihn; und schuf sie als Mann und Weib. Und Gott segnete sie
und sprach zu ihnen: Seid fruchtbar und mehret euch und füllet die
Erde und machet sie euch untertan und herrschet über die Fische im
Meer und über die Vögel unter dem Himmel und über das Vieh und
über alles Getier, das auf Erden kriecht. (1.Mose 1,27-28)*

In diesem Text ist beides schon vereint: das sexuelle Sein und das
sexuelle Handeln. Das Ebenbild Gottes spiegelt sich in Mann und
Frau. Nicht in Mann oder Frau, sondern in beiden, Mann plus Frau.
Meistens jedoch wird Gott männlich dargestellt (in unserer Kultur).
Mann **und** Frau sind Ebenbild Gottes. Nun wollen wir uns hier
mehr mit biblischer Anthropologie, nicht Theologie befassen.

Den Menschen, die *expressis verbis* als sexuelle Wesen (Mann und Frau) geschaffen sind, wird als erstes der Auftrag gegeben, sexuell aktiv zu sein. Manch einen Christen mag das schockieren: Gott sprach nicht über das Halten der Gebote als erstes mit dem Menschen, nicht über den Erlösungsplan oder die 144.000, sondern über Sex. Selbst wenn hier die prokreative Möglichkeit der Sexualität im Vordergrund steht, bleibt doch Sex das gebotene Mittel zum Zweck. Das widerspricht vehement jeglicher Sexualfeindlichkeit, die sich kirchengeschichtlich – wie ich meine – aus einer falschen (griechisch geprägten) Weltsicht entwickelt hat. Übrigens halte ich den Vorwurf an die Kirchen, sexualfeindlich zu sein, für überholt, denn Theologen sind sich an dieser Stelle relativ einig (selbst katholische!), dass Sexualität ein gutes Gottesgeschenk ist, dass zu unserem Menschsein gehört.

Zugleich bezeugt der biblische Einstieg in die Menschheitsgeschichte, wie grundlegend bedeutsam Sexualität für das Menschsein ist. Wenn man Ethik als die Lehre von „gut und böse" versteht, dann ist die Antwort der Bibel, also die abzuleitende Sexualethik, anthropologisch gesehen eindeutig: Sex ist gut. Sex ist das Geschenk Gottes an den Menschen. (Auf diesen zweiten Aspekt – vom Geschenk – müssen wir noch zurückkommen.) Dies möchte ich als erste These einer biblischen Sexualethik festlegen:

Sexualität ist gut

Vertieft wird diese Bedeutung dadurch, dass im nächsten Kapitel auch ein quasi „Naturgesetz" beschrieben wird:

Darum wird ein Mann seinen Vater und seine Mutter verlassen und seiner Frau anhangen, und sie werden sein ein Fleisch. 1.Mose 2,24

Auch dieser Satz ist – zumindest an dieser Stelle – nicht normativ-regulativ zu verstehen, sondern anthropologisch. Er beschreibt das Aufeinander-bezogen-Sein des Menschen. Die sexuelle Anziehung, ist stärker als z.B. die Bindung an die Eltern. Und wieder belegt der Zusammenhang, dass das von Gott so beabsichtigt, also im ethischen Sinne gut ist. Unter diesen Voraussetzungen ist völlig folgerichtig, was hier dann noch als Nachsatz kommt:

Und sie waren beide nackt, der Mensch und sein Weib, und schäm-
ten sich nicht. 1.Mose 2,25

Wenn Sexualität – sexuell sein und sexuell handeln – Schöpfungsordnung und Schöpfungsauftrag ist, dann kann Nacktheit nur gut
sein Dass Nacktheit heute eben nicht mehr nur als „gut" erlebt wird,
kann dann nicht in der Sexualität an sich liegen, sondern muss andere Gründe haben.

2.2 Normativ – regulativ

Manch ein Leser wird vielleicht schon unruhig. Nun müsse doch
endlich das „Aber" kommen... Natürlich gibt es in der Bibel eine
Reihe von normativen Regeln im Hinblick auf die Sexualität. Bei
diesen Regeln ist es jedoch besonders wichtig, den Zusammenhang
und die Bedeutung zu sehen. Die Frage ist jeweils, sind solche normativen Regeln Aussagen über Sexualität – also bilden sie eine explizite Sexualethik, oder handelt es sich um Aussagen über andere Le-
bensgebiete, die aber vom Thema Sexualität durchwoben sind – weil
eben alles schöpfungsgeschichtlich mit Sexualität zu tun hat und sich
unser Sexuell-Sein nicht abspalten lässt von unserem Mensch-Sein.

Bilden also die Gesetze zu Menstruation und nächtlichem Samenerguss tatsächlich eine Sexualethik? Oder geht es hier um Zeremoni-
algesetz und/oder Hygienegesetze? Ich plädiere für letzteres. Wenn
wir 3. Mose 15 als biblische Sexualethik verstehen wollten, müssten
Christen in ihrem Umgang mit Sexualität einiges verändern!

Natürlich gibt es weitere normative Aussagen zur Sexualität, die
viel dichter an eine Sexualethik herankommen. Die möchte ich hier
auch nicht unterschlagen. Das entscheidende Kapitel ist 3. Mose 18.
Bei Luther überschrieben mit „Verbot geschlechtlicher Verirrungen".
Hier werden zunächst die verschiedenen inzestuösen Kombinationen
sexueller Beziehungen genannt – übrigens ein sehr altes Statement zu
einem sehr modernen Thema: sexueller Missbrauch[4]. Dabei be-

---

[4]   Der Begriff „sexueller Missbrauch" ist im Zusammenhang mit Kindern inzwischen umstritten, da ein „Missbrauch" einen legitimen „Gebrauch" impliziert.
Davon kann bei Kindern keine Rede sein! Richtiger wäre „sexuelle Gewalt",
doch weckt dieser Begriff Assoziationen, die von der Realität nicht unbedingt ge-
deckt werden. So verwenden wir den Begriff Missbrauch als den im allgemeinen
Sprachgebrauch bekanntesten, verzichten aber auf die missverständliche Formulierung „sexueller Kindesmissbrauch".

schränken sich die Verbote nicht nur auf Blutsverwandtschaft, sondern auch auf angeheiratete Verwandtschaft. Einige Beispiele:

Du sollst mit deinem Vater und deiner leiblichen Mutter nicht Umgang haben. Es ist deine Mutter, darum sollst du nicht mit ihr Umgang haben. Du sollst mit der Frau deines Vaters nicht Umgang haben; denn damit schändest du deinen Vater. 3.Mose 18,7.8

Du sollst den Bruder deines Vaters nicht damit schänden, dass du seine Frau nimmst; denn sie ist deine Verwandte. 3.Mose 18,14

Hierin ist durchaus ein Stück Sexualethik zu verstehen. Allerdings ist die Begründung bemerkenswert: Es ist die Ehre und Würde des Menschen, die im Mittelpunkt steht! Hier werden zwar restriktive Normen vorgegeben, die aber keineswegs Sexualität an sich einschränken wollen, sondern die Würde des Menschen zu fördern suchen. So möchte ich als zweites Merkmal einer biblischen Sexualethik die Würde des Menschen postulieren:

Die Würde des Menschen ist unantastbar

Dabei ist Folgendes sehr bemerkenswert: Das Kapitel 3. Mose 18 beginnt so:

Und der HERR redete mit Mose und sprach: Rede mit den Israeliten und sprich zu ihnen: Ich bin der HERR, euer Gott. Ihr sollt nicht tun nach der Weise des Landes Ägypten, darin ihr gewohnt habt, auch nicht nach der Weise des Landes Kanaan, wohin ich euch führen will. Ihr sollt auch nicht nach ihren Satzungen wandeln, sondern nach meinen Rechten sollt ihr tun und meine Satzungen sollt ihr halten, dass ihr darin wandelt; ich bin der HERR, euer Gott. Darum sollt ihr meine Satzungen halten und meine Rechte. Denn der Mensch, der sie tut, wird durch sie leben; ich bin der HERR. 3.Mose 18,1-5

Diese Sexualethik – wenn wir sie so nennen wollen – wurde in Abgrenzung der Völker rund um Israel gegeben. Die Israeliten sollten sich unterscheiden. Im weiteren Verlauf werden verschiedene Praktiken genannt und verboten, die in den umliegenden Völkern prakti-

ziert wurden (übrigens historisch belegt), oftmals eben in menschen-
verachtender Weise, wie folgendes Verbot aus dem Kapitel belegt:

*Du sollst auch nicht eins deiner Kinder geben, dass es dem Moloch
geweiht werde, damit du nicht entheiligst den Namen deines Gottes;
ich bin der HERR. 3.Mose 18,21*

Dem Moloch, einer kanaanäischen Gottheit, wurden Menschenopfer
gebracht, durchaus im Zusammenhang mit sexuellen Riten. Diese
Form von Sexualität ist menschenverachtend! Die weiteren Formen
der Sexualität, die genannt werden, stehen wohl auch in diesem Zusammenhang:

*Du sollst nicht bei einem Mann liegen wie bei einer Frau; es ist ein
Greuel. Du sollst auch bei keinem Tier liegen, dass du an ihm unrein
werdest. Und keine Frau soll mit einem Tier Umgang haben; es ist
ein schändlicher Frevel. 3.Mose 18,22*

Noch einmal ist zu betonen, nicht Sexualität an sich steht hier im Mittelpunkt, sondern die Frage der Abgrenzung von heidnischen, men-
schenverachtenden Bräuchen in Bezug auf Sexualität. So lesen wir es
am Anfang von 3. Mose 18 und auch noch einmal überdeutlich am
Ende des Kapitels. Es geht der Bibel, so möchte ich es übersetzen, um
die Würde des Menschen – auch im Hinblick auf Sexualität. Wir werden dies auch von den historischen Berichten zu belegen suchen.

2.3 Geschichtlich

Wenn es um die Beschreibung von Sexualität geht, nimmt die Bibel
kein Blatt vor den Mund. Sie verschweigt nicht schamhaft, was zwischen Menschen passierte, will aber auch nicht ein hebräisches Kamasutra sein. Das Anliegen der Bibel ist religiös, nicht sexuell. Wie
bedeutsam diese Unterscheidung ist, möchte ich später noch deutlicher herausarbeiten. Zunächst aber einige Beispiele für die geschichtlich verankerte Beschreibung von Sexualität:

Da wird in 1. Mose 19 beschrieben, wie die Töchter des Lot in einer Art Torschlusspanik (ihre Männer waren ja in Sodom umge-
kommen und sie selbst waren nicht mehr die jüngsten) ihren Vater
betrunken machten, um sich dann von ihm schwängern zu lassen.
Eine Nacht die eine Tochter, die nächste Nacht die andere Tochter.

Dann wird in 1. Mose 38 die Geschichte des Onan beschrieben,
dem wir den irreführenden Begriff Onanie verdanken. Der Begriff,

wenn man ihn von der Bibel ableitet, beschreibt eben nicht Selbstbefriedigung, wie manchmal behauptet, sondern einen *coitus interruptus.* Im gleichen Kapitel prostituiert sich Tamar, um sich gegen
eine Ungerechtigkeit ihres Schwiegervaters Juda zu wehren. Wie sie
das anstellt, ist „technisch" gesehen recht beeindruckend, denn der
Schwiegervater schläft mit ihr, ohne sie zu erkennen.[5] Das ist deshalb interessant, weil die Bibel für den Sexualverkehr häufig das
Wort „erkennen" gebraucht. Sex an sich ist also noch keine „Erkenntnis" stiftende Gemeinschaft.

Sex an sich konstituiert biblisch gesehen auch keineswegs eine
Ehe, wie manchmal behauptet wird. Wenn auch der Begriff der
„Hurerei" oder der „Unzucht" nie explizit definiert wird, gibt es
doch implizite Definitionen.

Eine andere Tamar, ein paar hundert Jahre später, wird von ihrem
Halbbruder Amnon vergewaltigt. Ein „Date-Rape", wie man es
heute nennen würde. Interessant ist die Geschichte deshalb, weil sie
explizit belegt, dass der Geschlechtsverkehr keine Ehe konstituiert.
Tamar sagt nämlich zu Amnon:

*Nicht doch, mein Bruder, schände mich nicht; denn so tut man nicht
in Israel. Tu nicht solch eine Schandtat! Wo soll ich mit meiner
Schande hin? Und du wirst in Israel sein wie ein Ruchloser. Rede
aber mit dem König, der wird mich dir nicht versagen. 2. Sam
13,12-13*

Mit anderen Worten: „Du kannst mich ja heiraten, dann ist es auch
okay, mit mir zu schlafen." Amnon will nicht, vergewaltigt sie und
wird dann ihrer überdrüssig. (Ein übrigens sehr häufiger Vorgang).
Absalom rät Tamar, die ganze Sache nicht an die große Glocke zu
hängen, beschließt aber gleichzeitig den Täter umzubringen. Er heu-
ert Killer an und ließ seinen Bruder bei einem großen Festmahl töten.
Absalom selbst ist aber auch nicht so keusch, wie es scheint. Er
schläft mit den Nebenfrauen seines Vaters vor aller Öffentlichkeit in
einem Zelt auf dem Dach (2. Sam 16), um mit dieser Dreistigkeit
Loyalität seiner Anhänger gegen seinen Vater zu provozieren. Sex als
Macht- und Statussymbol – ein Thema, das mir sehr modern zu sein

---

[5] Dieses „Nicht-Erkennen" heißt aber auch: hier geht es um Sexualität ohne Intimität, Sex als rein physiologischer Akt um seiner selbst willen, losgelöst von einer
echten Begegnung, die ja gerade das „Erkennen" ausmacht.

scheint. König David wiederum, mit seinen vielen Frauen und Nebenfrauen, lässt sich von einer Frau erregen, die er heimlich beim Baden beobachtet. Obwohl sie verheiratet ist, schläft er mit ihr und arrangiert den Tod ihres Mannes. Diese Frau, Bathseba, wird die Mutter von Salomon, dem weisen, aber auch sexuell sehr aktiven Nachfolger von David. Er bringt es auf etwa 1000 Geschlechtspartnerinnen.

So ließen sich die Beispiele fortsetzen, bis hin ins Neue Testament, wo ein Mann in der christlichen Gemeinde geduldet wird, der sexuell mit seiner Mutter oder Stiefmutter verkehrt. Darüber ist Paulus entsetzt, weil so etwas nicht einmal unter den Heiden akzeptabel ist! Jedenfalls belegen alle diese Beispiele, dass Sexualität keineswegs tabuisiert wird. Freilich werden Sexualität im Kontext von Gewalt, Betrug, Manipulation nie gut geheißen, aber es gibt sie eben auch und sie wird mit großer Selbstverständlichkeit und erstaunlicherweise ohne auffallende moralische Entrüstung beschrieben. Daraus möchte ich eine weitere These ableiten. Über Sexualität muss geredet werden:

Sexualität darf nicht tabuisiert werden

Nun scheint es aber gerade so, als spräche die Bibel nur in Negativbeispielen von Sexualität. Das ist nicht so. In der poetischen Literatur gibt es ein ganzes biblisches Buch, in dem es um nichts anderes geht, als „Liebe, Lust und Leidenschaft", einschließlich sehr expliziter Beschreibungen – so explizit, dass das ganze Buch über viele Jahrhunderte von einer entsetzten Kirche umgedeutet, allegorisiert werden musste. Damit sind wir beim nächsten Teil der Ausführungen:

2.4 Poetisch

Das Buch „Hoheslied" ist auf unterschiedlichste Arten gedeutet worden. Die bereits angedeutete Variante, als ein völlig asexuelles Bild für Christus und die Gemeinde ist dabei die schwierigste, aber übrigens keineswegs abwegigste, denn das Neue Testament selbst greift die Sprache der Liebenden auf, um das Verhältnis zwischen

Christus und der Gemeinde zu illustrieren.[6] Das Hohelied wurde von manchen als Hochzeitslied verstanden, von anderen als Beschreibung einer sexuellen Liebe gerade ohne Bindungen einer ehelichen Partnerschaft. Ich möchte nicht auf Details der theologischen Debatte eingehen, so interessant das auch sein mag.

Eindeutig jedoch ist der hocherotische Inhalt des Hohenliedes. Uns hier in der westlichen Welt fällt es nicht immer ganz leicht, die Erotik des Orients in seiner bildhaften Sprache zu erfassen. Ob Hoheslied oder Kamasutra – orientalische Werke der Liebeskunst sind nicht so ohne weiteres zugänglich für Menschen einer anderen Kultur. Aber wir ahnen wohl genug, wenn z.b. von Riegel und Riegelloch die Rede ist, von Myrrhe, die tropft, oder wenn der Freund mit einem Hirsch in den Balsambergen verglichen wird. Spielerisch, tanzend bis zur Ekstase wird Sexualität im Hohenlied beschrieben. Das Buch ist nicht der einzige poetische Teil über Sexualität in der Bibel, wohl aber der kräftigste. Das Hohelied hat Dichter und Poeten aller Zeiten angeregt. Es hat mich als Jugendlicher schon immer fasziniert, dass die DDR Rockband „die Pudhies" aus dem Hohenlied und damit aus der Bibel gesungen haben ...

Es gibt Autoren, die sich gegen eine Sexualethik im Hohenlied aussprechen. So ist Gollwitzer (1978) zwar nicht prinzipiell gegen eine Sexualethik, hält das Hohelied aber für völlig amoralisch und desinteressiert an einer Sexualethik. Nur die Lust und Freude an der Sexualität sei im Mittelpunkt. Ich möchte zwei Stellen aus dem Hohenlied zitieren, die nach meiner Ansicht das Gegenteil belegen:

Ich beschwöre euch, ihr Töchter Jerusalems, bei den Gazellen oder bei den Hinden auf dem Felde, dass ihr die Liebe nicht aufweckt und nicht stört, bis es ihr selbst gefällt. Hld 2,7

Diese Beschwörung kommt drei Mal im Hohenlied vor und zwar jedes Mal im Zusammenhang mit dem Geschlechtsakt. Kommentare sehen gerade in dieser formelhaften Beschwörung Teil eines Hochzeitsrituals. Wenn das so ist, dann wird damit doppelt deutlich, dass hier die Liebe – die geschlechtliche Liebe – geschützt werden soll,

---

[6] Z.B. Eph. 5,32. Offb. 22,17., aber auch das Gleichnis von den 10 Jungfrauen und zahlreiche andere Stellen weisen in diese Richtung. Allen Stellen gemeinsam ist das Bildhafte, sei es Parabel, Analogie oder Allegorie. Sexualität war nie Teil des Gottesdienstes oder der Theologie, sondern immer nur Bild / Beispiel für etwas.

zum einen durch die Tatsache der Hochzeit, zum anderen aber eben gerade durch diese eindringliche Bitte. Es geht um Schutz.

Das zweite Beispiel aus dem Hohenlied geht an das Thema von einer anderen Seite heran:

Unsre Schwester ist klein und hat keine Brüste. Was sollen wir mit unsrer Schwester tun, wenn man um sie werben wird? Ist sie eine Mauer, so wollen wir ein silbernes Bollwerk darauf bauen. Ist sie eine Tür, so wollen wir sie sichern mit Zedernbohlen. – Ich bin eine Mauer, und meine Brüste sind wie Türme. Hld 8,8-10

Hier der Versuch, die Symbole zu deuten: Ist die Schwester eine Mauer, undurchdringlich und fest gegenüber Werbern, so soll sie durch silberne Türme (Bollwerk) bestärkt und geehrt werden. Ist sie eine Tür, also offen für jedermann (jeden Mann), dann soll die Tür schnell verrammelt werden. Die Schwester selbst antwortet: Keine Sorge, ich bin eine Mauer, keine Tür!

Dieser Exkurs am Ende eines poetischen Buches, das die pure Lust beschreibt, macht deutlich, was ich als weitere These einer biblischen Sexualethik umschreiben möchte:

Sexualität braucht Schutz

Dieser Schutz besteht übrigens in der alten Kultur nicht einfach nur aus einer Selbstbestimmtheit, sondern bezieht das soziale Gefüge mit ein. Die Brüder tragen Mitverantwortung. Sexualität ist demnach nicht reine Privatsache, sondern kann nur in einem Kontext gelebt werden. Ob dieser Kontext nun Familie, Gesellschaft oder Gemeinde heißt – oder eine Kombination der drei, darüber ließe sich diskutieren. Im biblischen Zeugnis jedenfalls stehen (Groß-) Familie und Gesellschaft im Vordergrund.

Es werden keine religiöse Hochzeitsriten überliefert. Das ist in sich selbst interessant und soll hier noch kurz gedeutet werden. Dazu ein kleiner, aber m.E. sehr wichtiger Exkurs.

Exkurs

Anders als in den umliegenden Völkern war für die Israeliten die Sexualität nicht Teil des Ritus! Es gab keinen sexuellen Kult. Deshalb auch das maßlose Entsetzen, als Mose vom Berg kam und Israel um den goldenen Stier tanzen sah – ein klar sexuell gefärbter Kult. Im Gegenteil, das A-sexuelle wurde ausdrücklich betont, indem beispielsweise Priestern das Tragen von Unterwäsche vorgeschrieben war, damit nicht versehentlich beim Besteigen der Stufen des Altars jemand ihre Genitalien sehen würde. Auch im Neuen Testament (Joh. 21) wird ausdrücklich erwähnt, wie der nackte Petrus sich erst anzieht, bevor er sich dem auferstandenen Herrn nähert – obwohl Jesus den Petrus bestimmt schon nackt bei der Arbeit gesehen hatte.

Im Gegensatz dazu wird im Alten wie im Neuen Testament immer wieder von heidnischen Kulten berichtet, in denen Sexualität und Religion eng miteinander verwoben sind. Aschera- oder Astartekulte, sowie Baalskulte waren die gängigen Fruchtbarkeitskulte mit viel sexueller Aktivität. So ist z.B. das Thema Tempelprostitution im Alten wie im Neuen Testament zu finden. Genau davor warnt die Bibel immer wieder ausdrücklich. Dabei geht es nicht um die Warnung vor der Prostitution an sich (die gibt es auch, z.B in der Weisheitsliteratur, den Sprüchen), sondern um die Warnung vor dem Götzendienst, der durch diese Form der Sexualität zum Ausdruck kam.

Hier wird noch einmal deutlich, Sexualität ist in der Bibel ein Geschenk Gottes an den Menschen. Es wird sehr wohl als Bild, als Analogie der Liebe zwischen Gott und seinem Volk, Christus und der Gemeinde verwandt (Braut und Bräutigam), aber ohne jegliche Vermischung. Die Analogie verläuft in Parallelität, nicht als Tangente oder Kreuzung, d.h. die Bilder bleiben unabhängig von der Realität menschlicher Sexualität und werden davon nicht berührt. Sex ist nicht Gottesdienst und Sexualität als „Gottesdienst" zu „heiligen" erinnert eher an Götzendienst. Gott braucht nicht unsern Sex, um die Verbindung zwischen ihm und uns herzustellen.

Gerade darin aber liegt auch Freiheit in Bezug auf Sexualität. Wir tun Gott keinen Gefallen mit Sex – und genauso wenig mit sexueller Enthaltsamkeit. Es ist ein Geschenk zu unserer freien Verfügung. Dabei bleibt freilich der Rahmen deutlich:

**Sexualität ist gut
Die Würde des Menschen ist unantastbar
Sexualität darf nicht tabuisiert werden
Sexualität braucht Schutz**

Innerhalb dieses Rahmens, der nach meinem Dafürhalten als eine Art biblischer Sexualethik verstanden werden kann, darf Sexualität auf der Leinwand der Liebe kreativ, phantasievoll und mit Genuss gelebt werden. Ob als schweres Ölgemälde, als grober Holzschnitt, als leichtes Aquarell, als Radierung, Federzeichnung, impressionistisch oder expressionistisch, ist abhängig vom gesellschaftlichen Kontext, von Zeit und Kultur und auch von den ganz persönlichen Präferenzen und Bedürfnissen des Paares. Dazu gibt es keine biblische Sexualethik, keine Vorschriften oder Einschränkungen, aber auch keine „Gebote", die Sexualität in die Zwanghaftigkeit führt.

2.5 Seelsorgerlich

Zum Abschluss ein kurzer Blick auf die seelsorgerlichen Hinweise zur Sexualität im Neuen Testament. Ich möchte diese Aspekte nur streifen, weil sie nach meinem Verständnis nicht eine Sexualethik an sich beschreiben, sondern eine Anwendung der Sexualethik und somit gewissermaßen eine Zusammenfassung meiner Ausführungen sind.

Da schreibt doch ausgerechnet Paulus, der oft als frauen- und körperfeindlich gebrandmarkt wird:

Aber um Unzucht zu vermeiden, soll jeder seine eigene Frau haben und jede Frau ihren eigenen Mann. [Sexualität braucht Schutz (man beachte die gleichberechtigte Formulierung)]
Der Mann leiste der Frau, was er ihr schuldig ist, desgleichen die Frau dem Mann. [Sexualität darf nicht tabuisiert werden]
Die Frau verfügt nicht über ihren Leib, sondern der Mann. Ebenso verfügt der Mann nicht über seinen Leib, sondern die Frau. [die Würde des Menschen ist unantastbar. (Zurückstellen eigener Wünsche gehört dazu)]
Entziehe sich nicht eins dem andern, es sei denn eine Zeit lang, wenn beide es wollen, damit ihr zum Beten Ruhe habt; und dann kommt

wieder zusammen, damit euch der Satan nicht versucht, weil ihr
euch nicht enthalten könnt. [Sex ist gut]
Das sage ich aber als Erlaubnis und nicht als Gebot. [Freiheit] *1.Kor*
7,2-6

3. Zusammenfassung

Biblische Sexualethik – ein Anachronismus? Die Antwort auf diese
Frage ist natürlich eine Art „Glaubensüberzeugung", die sich fak-
tisch weder beweisen noch widerlegen lässt. Die theologischen Positionen der Autoren dieses Bandes sind vielleicht etwas deutlicher
geworden. Was dieser Band mit empirischer Forschung zu belegen
sucht, ist die Tatsache, der sich selbst der stellen muss, der die biblische Sexualethik für einen Anachronismus hält: nämlich, dass Christen, die sich dieser Sexualethik verpflichtet wissen, keineswegs
schlechter fahren, sexuell unbefriedigter oder eingeschränkter leben,
sondern im Gegenteil, sexuell zufrieden und glücklich sind!

4. Literatur

GOLLWITZER, Helmut. *Das Hohelied der Liebe.* München: Christian Kaiser
     Verlag, 1978.
HUNTEMANN, Georg. *Der Aufstand der Schamlosen.* 2. Aufl. Wuppertal:
     R. Brockhaus, 1971.
TREECK, Klaus van, und Bochmann, Andreas. Missbrauch in adventistischen
     Familien. In *Aller Diener.* 1, 1998: 61-69.

Jugendsexualität in Berlin und Brandenburg

Andreas Bochmann

1. Einführung

Das Institut für Familien- und Sozialforschung der theologischen Hochschule Friedensau hat eine Studie zur kognitiven und emotionalen Einstellung zur Sexualität und zum Sexualverhalten von Jugendlichen in Berlin und Brandenburg durchgeführt. Damit sollte eine frühere Studie zum Thema unter Jugendlichen innerhalb der freikirchlichen Gemeinschaft der Siebenten-Tags-Adventisten (Bochmann, 1994) repliziert und erweitert werden. Neben der Frage, welchen Einfluss christlicher Glaube und/oder Konservatismus auf Einstellung und Verhalten haben, sollten auch Unterschiede zwischen Stadt und Land, sowie Ost und West beachtet werden.

Die Untersuchung wurde am 21. 6. 1995 vom Ministerium für Bildung, Jugend und Sport im Land Brandenburg unter Gz 0352-90004-1115/95 und am 31. 10. 1995 von der Senatsverwaltung für Schule, Berufsbildung und Sport im Land unter Gz II A 101 – T9 Berlin zur Durchführung an öffentlichen Schulen genehmigt. Die Untersuchung wurde unter Einhaltung der erteilten Auflagen im Laufe des Schuljahres 1995/1996 durchgeführt. Jede teilnehmende Schule erhielt einen etwa 15-seitigen Bericht über die Ergebnisse an der eigenen Schule.

Für diese Studie lagen 1105 Datensätze vor, davon 119 aus der ursprünglichen Untersuchung an Jugendlichen der freikirchlichen Gemeinschaft der Siebenten-Tags-Adventisten, 261 aus Brandenburg, 239 aus Ost-Berlin und 486 aus West-Berlin. Aufgrund der ausreichenden Datenmengen wurde die Untersuchung nicht an allen genehmigten Schulen durchgeführt. Folgende Schulen haben an der Untersuchung teilgenommen:

Brandenburg
Einstein-Gymnasium Neuenhagen
Gesamtschule Dahlwitz-Hoppegarten

Gesamtschule Petershagen
Gesamtschule Strausberg

Berlin (Ost)
Friedjof-Nansen-Oberschule (Köpenick)
Alexander-von-Humboldt-Oberschule (Köpenick)

Berlin (West)
Bertholt-Brecht-Oberschule (Spandau)
Carl-Friedrich-von-Siemens-Oberschule (Spandau)
Gabriele-von-Bülow-Oberschule (Tegel)

Für die Untersuchung wurden keine öffentlichen Fördermittel oder
Sponsoren in Anspruch genommen. Ein Interessenkonflikt in Bezug
auf die Ergebnisse ist von daher auszuschließen. Der Autor der Studie war zugleich der Projektleiter und trug die Verantwortung für
die ordnungsgemäße Durchführung der Untersuchung und die Angaben in dieser Studie. In der Darstellung der Ergebnisse wird auf
die Diskussion der ohnehin in Deutschland spärlichen Literatur zum
Thema verzichtet. Auf das einschlägige Werk von Gunter SCHMIDT
(1993) soll jedoch ausdrücklich hingewiesen werden.

2. Methodik und Vorgehensweise

Bei der Entwicklung der Methodik und Vorgehensweise fanden folgende Kriterien besondere Berücksichtigung:
- Möglichst viel Information mit möglichst geringem Aufwand zu
  sammeln
- den schulischen Ablauf nicht unnötig zu beeinträchtigen
- Empfindsamkeiten beim Umgang mit dem Thema Sexualität zu
  beachten
- die Einbindung und Vergleichbarkeit der Daten der ursprünglichen Studie

2.1 Zielgruppe der Untersuchung

Zielgruppe der Untersuchung waren unverheiratete Jugendliche aus Berlin und Brandenburg zwischen 14 und 20 Jahren.[1] Dabei wurde auf einen möglichst repräsentativen Querschnitt von Jugendlichen aus verschiedenen Wohngebieten (Stadt/Land, Ost/West) Wert gelegt. Eine solcher Querschnitt ist bedingt erreicht worden. Die Daten aus Brandenburg repräsentieren nicht typische ländliche, sondern suburbane Gebiete.

2.2 Das Instrument

Als einziges Instrument der Untersuchung wurde der Fragebogen „Umfrage zum Thema Sexualität" verwendet.

2.2.1 Entwicklung

Der Fragebogen wurde aus der ursprünglichen Studie übernommen. Er wurde für jene Studie von einem *ad hoc* Gremium von in der Jugendarbeit tätigen Pastorinnen und Pastoren entwickelt und vom Autoren dieser Studie in eine empirisch auswertbare Form gebracht. Der an den öffentlichen Schulen verwendete Fragebogen ist gegenüber der ursprünglichen Version leicht modifiziert worden, um der neuen Zielgruppe gerecht zu werden und ungeeignete Fragen durch neue zu ersetzen. So wurden Fragen mit Gottesbezug (6 und 19) durch den Begriff „Natur" ergänzt. Ähnlich wurde Frage 16 modifiziert („Mensch" statt „Christ"). Die demographische Frage nach der Taufe wurde ersetzt durch „Ich bin praktizierender Christ." Die Fragen 5, 12 und 15 ließen sich bei der Faktorenanalyse der ursprünglichen Studie nicht den Faktoren kognitive oder emotionale Einstellung zur Sexualität zuordnen und wurden deshalb durch neue ersetzt.

Insgesamt wurde darauf geachtet, dass die verwendete Sprache dem Vokabular Jugendlicher entsprach. Sie sollte zwar sachlich, aber auch klar verständlich sein. Auf der anderen Seite war auch Rücksicht zu nehmen auf Empfindsamkeiten konservativerer Jugendlicher, sowie besorgter Eltern, die die Befragung u.U. als zu weit gehend und schädigend empfinden könnten. So wurden mögliche Fragen nach oralem und analem Sex etc. mit „andere sexuelle Erlebnis-

---

[1] Aus der ursprünglichen Studie wurden Daten von Jugendlichen bis zum Alter von 24 Jahren übernommen.

se" umschrieben (Item 23), eine aufgrund der Mehrdeutigkeit nicht zufriedenstellende Lösung, aber vielleicht ein Kompromiss, der zumindest die Vielschichtigkeit sexuellen Erlebens anerkennt.

2.2.2 Aufbau

Der Fragebogen besteht aus 9 demographischen Angaben und einem Katalog von 30 Items, auf die die Testpersonen auf einer 5-Punkte-Skala mit Zustimmung oder Ablehnung reagieren konnten. Die zwanzig Fragen zur Einstellung über Sexualität teilten sich auf in Fragen zur kognitiven Beurteilung von Themen und Fragen zur emotionalen Einstellung. Diese Unterteilung war für die Testpersonen nicht erkennbar und wurde durch eine Faktorenanalyse überprüft. Auf Ausgewogenheit zwischen positiv und negativ formulierten Fragen wurde geachtet.

Die zehn Fragen zum Sexualverhalten waren deutlich abgesetzt und umfassten fünf partnerbezogene Items (Küssen, Petting, Koitus, homosexuelle Kontakte, andere sexuelle Erfahrungen), sowie fünf partnerunabhängige Items (Pornographie, sexuelle Phantasien, Telefonsex, Verhütungsmittel).

Abschließend wurden zwei Fragen zur Ehrlichkeit und Relevanz des Themas gestellt. Nur wenn die Testperson angab, sich bemüht zu haben, offen und ehrlich zu antworten, wurde der Fragebogen verwertet.

2.2.3 Psychometrische Angaben

Für den Fragebogen lagen aus der ursprünglichen Studie Daten zur Reliabilität vor und wurde die Validität durch Begutachtung und die Faktorenanalyse bestätigt. In der ursprünglichen Studie wies der Faktor „kognitive Einstellung" einen α von 0,74 auf (N=120). Der Faktor „emotionale Einstellung" wies einen α von 0,68 auf (N=122), was bei der Breite der Themen und der Zielgruppe noch ein akzeptabler Wert ist. Der Faktor „Sexualverhalten" hatte einen α von 0,82 (N=99). Dieser Wert hätte sich deutlich erhöhen lassen, wären die Fragen nach Homosexualität und Telefonsex weggelassen worden, da diese nur eine Minderheit betreffen. Doch wurden die Items aus theoretischen Überlegungen beibehalten.

Insgesamt belegte die ursprüngliche Studie, dass der Fragebogen den psychometrischen Anforderungen an ein Testinstrument entsprach. Eine über die Faktorenanalyse hinausgehende Validierung erschien nicht erforderlich, da die Intention der Studie im wesentli-

chen explorativer Natur war. Für die Daten dieser Studie wurde
ebenfalls eine Reliabilitätsprüfung und eine Faktorenanalyse vorge-
nommen und werden in den Ergebnissen dargestellt.

2.3 Durchführung der Studie

Nach einer Kontaktaufnahme durch Brief oder Telefonat mit den
jeweiligen Schulen entschied die Schulleitung oder die Schulkonfe-
renz über die Teilnahme an der Untersuchung. In einigen Fällen
wurde die Teilnahme aus zeitlichen/organisatorischen Gründen abgelehnt, in zwei Fällen aus inhaltlichen (nach vorangehendem grund-
sätzlichen Einverständnis).

Wurde der Teilnahme zugestimmt, so wurden der Schule Einverständniserklärungen für die Eltern minderjähriger Schüler zugestellt,
die durch die Lehrer an die Schüler weitergegeben wurden. Am Tag
der Durchführung der Untersuchung versammelten sich teilnehmende Schülerinnen und Schüler klassenstufenweise zu einer festgelegten
Zeit an einem dafür bereit gestellten Ort oder wurden in ihren Klas-
senräumen aufgesucht. Der Projektleiter erläuterte die Studie und
wies ausdrücklich auf die Freiwilligkeit und Anonymität der Studie
hin. Die elterlichen Einverständniserklärungen lagen ebenfalls vor.
Die Befragung, einschließlich Erläuterungen, dauerte insgesamt 15
bis maximal 20 Minuten für jede Klasse oder Klassenstufe. Die A-
nonymität war in allen Fällen gewährleistet und konnte von den
teilnehmenden Schülern überwacht werden. Die Schüler waren zu-
meist motiviert und interessiert und verhielten sich kooperativ. Die
Zusammenarbeit mit den Schulleitungen erwies sich in den meisten
Fällen als effizient und hilfreich. Schwierigkeiten bei der Durchführung sind nicht aufgetreten. Nachwirkungen bei Schülern oder
Schülerinnen sind nicht bekannt. Da alle Befragungen durch den
Projektleiter selbst durchgeführt wurden, ist eine homogene Durchführung der Untersuchung weitestgehend gewährleistet gewesen.

3. Deskriptive Darstellung der Ergebnisse

Die gesammelten anonymen Daten wurden statistisch mit dem Soft-
wareprogramm SPSS für Windows ausgewertet. Die Ergebnisse werden zur Erleichterung der Übersicht hier überwiegend als kommen-
tierte Tabellen dargestellt.

3.1 Demographische Daten

Die demographischen Daten für Alter und Geschlecht werden als Anzahl und als Prozentwert angegeben. Alle weiteren Daten werden nur in Prozent angegeben, wobei sich die Prozentzahlen auf jene Probanden beziehen, die die jeweilige Frage beantwortet haben. Dadurch ergibt sich ein potentieller Datenverlust, wobei zu auch das Nicht-beantworten bestimmter Fragen sehr aufschlussreich sein kann.

3.1.1 Alter und Geschlecht

Das Alter der Teilnehmer reichte von 14–24 Jahren, mit einem Durchschnitt von 16,19 Jahren. Allerdings ist festzustellen, dass die Teilnehmer der ursprünglichen Studie durchschnittlich älter waren (18,79 Jahre), als die Teilnehmer an der Studie in den Schulen (15,88 Jahre). Dieser Unterschied findet in den weiteren Datenanalysen Berücksichtigung. Von den Teilnehmern waren 57% weiblich und 43% männlich. Die Alters- und Geschlechterverteilung geht aus Tabelle 1 hervor. Die Altersangaben sind in etwa normal verteilt, die Daten entsprechen den zu erwartenden und vorgesehenen Parametern.

Tabelle 1: Alter und Geschlecht

		Geschlecht				Zusammen	
		männlich		weiblich			
		Anzahl	Spalten-%	Anzahl	Spalten-%	Anzahl	Spalten-%
Alter	14	45	9,7%	81	12,9%	126	11,5%
	15	132	28,4%	182	28,9%	314	28,7%
	16	124	26,7%	168	26,7%	292	26,7%
	17	68	14,6%	100	15,9%	168	15,3%
	18	48	10,3%	52	8,3%	100	9,1%
	19	19	4,1%	24	3,8%	43	3,9%
	20	9	1,9%	11	1,7%	20	1,8%
	21	7	1,5%	5	,8%	12	1,1%
	22	3	,6%	2	,3%	5	,5%
	23	6	1,3%	2	,3%	8	,7%
	24	4	,9%	3	,5%	7	,6%
Zusammen		465	100,0%	630	100,0%	1095	100,0%

3.1.2 Selbstdarstellung der Jugendlichen

Für die Untersuchung war das Christsein von besonderem Interesse. „Praktizierender Christ" wurde allen Schülern als eine christliche Glaubenshaltung definiert, mit regelmäßiger (wöchentlicher) Teilnahme am kirchlichen Leben. Für Adventjugendliche der ursprünglichen Studie war die Gemeindezugehörigkeit das definierende Kriterium.[2] Deutlich mehr weibliche Teilnehmerinnen bekannten sich zum Christsein. Es gibt auch hochsignifikante regionale Unterschiede (siehe Tabelle 2). Abgesehen von den Teilnehmern der ursprünglichen Studie, bei denen eine überdurchschnittliche hohe Zahl (44,8 %) praktizierender Christen zu erwarten war, sind deutliche Unterschiede zwischen West- und Ost-Berlin und Brandenburg festzustellen. In Brandenburg gibt es mit gerade 5 % die wenigsten praktizierenden Christen unter den Jugendlichen.

In einer festen Partnerschaft sahen sich 28,4 % der Jugendlichen. Auffallend ist hier der besonders hohe Unterschied zwischen männlichen (20,1 %) und weiblichen (34,5 %) Jugendlichen. Da man nicht davon ausgehen kann, dass die weiblichen Jugendlichen Partnerschaften in so großem Maße mit wesentlich älteren Menschen eingehen (die also durch diese Studie nicht erfasst werden), bleibt nur die Vermutung, dass sich weibliche Jugendliche eher als in einer „festen" Partnerschaft erleben, als männliche.

Tabelle 2: Christsein

		praktizierender Christ	
		ja	nein
		%	%
Ort	Brandenburg	5,1%	94,9%
	Ost- Berlin	14,0%	86,0%
	West-Berlin	22,4%	77,6%
	urspr. Studie (STA)	44,8%	55,2%

Die Angaben für sexuellen Missbrauch sind deutlich niedriger als in der gängigen Literatur und für alle Schulen in etwa gleich hoch. Aufgrund der Gleichmäßigkeit in der Verteilung, der Anonymität in der Befragung, der Möglichkeit „Missbrauch" selbst zu definieren und der Unmittelbarkeit der Frage wird das Ergebnis von 2,9 % (für weibliche Jugendliche knapp 5 %) als „entpolitisiert" und damit relativ zuverlässig angesehen. Allerdings ist hier trotz der gewährleisteten Anonymität mit einer Dunkelziffer zu rechnen. In absoluten

---

[2] Die Gemeinschaft der Siebenten-Tags-Adventisten tauft Jugendliche und Erwachsene, die sich in freier und persönlicher Entscheidung zum Glauben bekennen.

Zahlen sind 32 als Kind oder Jugendlicher Missbrauchte bei so einer relativ kleinen Befragung eindeutig zu viel!

Die überwiegende Mehrzahl der Schüler (knapp 95%) bezeichnet sich als heterosexuell. Berücksichtigt man den Anteil der noch unsicheren Jugendlichen (3%), so erlebt sich eine weitaus kleinere Minderheit als homosexuell oder bisexuell, als häufig angenommen. Berücksichtigt man ferner, dass von den 8 „homosexuellen" nur 6 und von den 15 „bisexuellen" nur 2 Jugendliche je homosexuelle Kontakte hatten, so kann man davon ausgehen, dass das Thema in seiner quantitativen Bedeutung gesellschaftlich deutlich überbewertet wird.

Eine andere wichtige Variable war „Konservatismus". Der Begriff „konservativ" war erstaunlich vielen Jugendlichen insbesondere im Ostteil Berlins und in Brandenburg gar nicht geläufig und musste deshalb erläutert werden. Dabei bestand das Bemühen, keine Wertung und keine Richtung („konservativ in Bezug auf ...") vorzugeben. Die Verteilung des Konservatismus ist erwartungsgemäß, wonach die Mehrheit sich für genauso oder weniger konservativ hält. Ein Chi-Quadrat-Test belegt, dass dieser Trend bei weiblichen Jugendlichen signifikant ausgeprägter ist.[3] Dabei ist zu berücksichtigen, dass „konservativ" in Deutschland (anders als z.B. in den USA) oft mit „rückständig", „reaktionär" und ähnlichen nicht wertfreien Begriffen assoziiert wird. Genau genommen wird hier also keine „objektive" Angabe vermittelt, sondern vor allem eine Bewertung des Begriffes „konservativ" deutlich – d.h. der größere Teil der Jugendlichen bewerten diesen Begriff eher negativ und möchten sich nicht mit ihm identifizieren wissen. Eine Übersicht über die Prozentzahlen zur Selbstdarstellung bietet Tabelle 3.

---

[3]   Auch in anderen Untersuchungen des Autors scheinen Männer konservativer zu sein als Frauen!

Tabelle 3: Selbstdarstellung der Jugendlichen

		Geschlecht		
		männlich Spalten %	weiblich Spalten %	Zusammen Spalten %
praktizierender Christ	ja	16,4%	20,9%	19,0%
	nein	83,6%	79,1%	81,0%
fester Partner	ja	20,1%	34,5%	28,4%
	nein	79,9%	65,5%	71,6%
Als Kind sexuell mißbraucht	ja	,5%	2,5%	1,6%
	nein	99,5%	97,5%	98,4%
Als Jugendlicher sexuell mißbraucht	ja	,2%	3,0%	1,8%
	nein	99,8%	97,0%	98,2%
Sexueller Mißbrauch (jemals)	ja	,4%	4,8%	2,9%
	nein, keine Angabe	99,6%	95,2%	97,1%
Sexuelle Ausrichtung	heterosexuell	94,7%	94,9%	94,8%
	homosexuell	1,3%	,3%	,8%
	bisexuell	1,3%	1,5%	1,4%
	unsicher	2,6%	3,3%	3,0%
Konservativismus	weniger konservativ	43,5%	46,0%	45,0%
	genauso konservativ	43,5%	45,0%	44,4%
	konservativer	13,0%	9,0%	10,7%

3.1.3 Aufklärung

Knapp zwei Drittel der Jugendlichen wurden von ihren Eltern aufgeklärt. Nur etwa ein Drittel gibt an, durch Lehrer aufgeklärt worden zu sein, wobei sich 86% mehr zu dem Thema in der Schule wünschen. Medien und Freunde spielen eine quantitativ bedeutende Rolle, was gerade für den Bereich „Medien" ein hohes Maß gesellschaftlicher Verantwortung erforderlich erscheinen lässt. Etwa zwei Drittel der Jugendlichen haben mehr als einen Aufklärungsweg erlebt, was zugunsten einer Ausgewogenheit gewertet werden dürfte.

3.2 Einstellung zur Sexualität

Die Fragen 1–20 sollten Auskunft über die kognitive und emotionale Einstellung zur Sexualität geben. Um eine bessere Vergleichbarkeit zwischen der ursprünglichen Studie und den neuen Daten zu gewährleisten, wurden die völlig veränderten Items 5, 12, 15 in der Datenanalyse unberücksichtigt gelassen. Die übrigen 17 Items wurden einer Hauptkomponentenanalyse mit Varimax-Rotation unterzogen, um zu erkennen, ob bzw. wie sich die Fragen in kognitive und emotionale Faktoren aufteilen ließen. Dabei wurden 6 Items einem (kognitiven) Faktor und 11 Items einem zweiten (überwiegend emotionalen) Faktor zugeordnet. Einige Items, die als „kognitive" Items konstruiert worden waren, sind überraschend dem „emotionalen" Faktor zugeordnet worden. Zwischen den Faktoren besteht eine hohe Korrelation, d.h. die Faktoren sind (erwartungsgemäß) nicht orthogonal.

Dennoch wurde die Unterscheidung in dieser Studie aufrecht erhalten, um etwaige Wechselwirkungen zwischen Sexualverhalten, kognitiven und emotionalen Einstellungen untersuchen zu können.

3.2.1 Kognitive Einstellung

Die sechs Items zur kognitiven Einstellung haben einen α von 0,69. Angesichts der Unterschiedlichkeit der Fragestellung ist der Wert ausreichend.

Küssen, Petting und vorehelicher Geschlechtsverkehr wird von männlichen wie weiblichen Jugendlichen gleichermaßen bedenkenlos akzeptiert (insgesamt über 97%). Dabei erscheinen die unterschiedliche Bewertungen zwischen Petting und Koitus nur graduell zu sein. In Bezug auf Homosexualität zeigen sich die weiblichen Jugendlichen auffallend toleranter. Die Anzahl derer, die Masturbation ablehnen, ist zwar erwartungsgemäß gering, doch besteht eine erstaunlich hohe Unsicherheit – und zwar auch bei Nichtchristen!

Eine grundsätzliche Ablehnung von Verhütungsmitteln haben weniger als 5% der Befragten eingestanden, zusammen mit den Unentschiedenen sind es aber 10%, ein angesichts des Sexualverhaltens eher hoher Prozentsatz. Die Einzelwerte zur kognitiven Einstellung werden in Tabelle 5 aufgelistet.

Die Einzelwerte der 6 Items wurden zur Überprüfung der Hypothesen dieser Untersuchung zu einer Gesamtvariablen „kognitive Einstellung" summiert. Das theoretisch mögliche Spektrum dieser Variablen reicht bei 6 Items mit je 5 Antwortmöglichkeiten von 6 (progressiv) bis 30 (konservativ). Tatsächlich war ein Spektrum von 6 bis 28 vorhanden, wobei der Durchschnitt bei 9,87 bei einer Standardabweichung von 3,35 lag.

Tabelle 5: Kognitive Einstellung zur Sexualität

		Geschlecht		Zusammen
		männlich	weiblich	
		Spalten-%	Spalten-%	Spalten-%
Küssen vor der Ehe ist okay	trifft sehr zu	79,9%	86,5%	83,7%
	trifft zu	18,4%	11,1%	14,2%
	unentschieden	,4%	1,4%	1,0%
	trifft nicht zu	,4%	,5%	,5%
	trifft absolut nicht zu	,9%	,5%	,6%
Voreheliches Petting kann	trifft sehr zu	63,3%	66,1%	64,9%
man machen	trifft zu	27,5%	24,6%	25,8%
	unentschieden	5,6%	5,9%	5,7%
	trifft nicht zu	1,9%	1,9%	1,9%
	trifft absolut nicht zu	1,7%	1,6%	1,6%
Vorehelichen	trifft sehr zu	3,9%	4,3%	4,1%
Geschlechtsverkehr lehne	trifft zu	2,8%	3,5%	3,2%
ich ab	unentschieden	4,3%	4,3%	4,3%
	trifft nicht zu	20,8%	22,6%	21,8%
	trifft absolut nicht zu	68,2%	65,2%	66,5%
Homosexuelle Kontakte	trifft sehr zu	13,0%	25,4%	20,1%
sind für manche richtig	trifft zu	31,5%	38,2%	35,3%
	unentschieden	33,8%	27,5%	30,2%
	trifft nicht zu	7,8%	4,2%	5,7%
	trifft absolut nicht zu	13,9%	4,7%	8,6%
Masturbation ist Sünde	trifft sehr zu	1,9%	1,3%	1,6%
	trifft zu	2,8%	3,8%	3,4%
	unentschieden	8,8%	14,2%	11,9%
	trifft nicht zu	29,3%	38,4%	34,6%
	trifft absolut nicht zu	57,2%	42,3%	48,6%
Verhütungsmittel sind ein	trifft sehr zu	3,2%	2,5%	2,8%
unerlaubter Eingriff in Gottes	trifft zu	1,7%	1,1%	1,4%
Schöpfung / die Natur	unentschieden	6,0%	5,7%	5,8%
	trifft nicht zu	19,3%	13,4%	15,9%
	trifft absolut nicht zu	69,8%	77,2%	74,1%

3.2.2 Emotionale Einstellung

Die 11 Items, die in der Faktorenanalyse der emotionalen Einstellung zugeordnet wurden, haben einen Cronbachs α von 0,7. Eine solche Reliabilität ist angesichts der Bandbreite der Themen und Fragen ausreichend.

Die Fragen nach der Bewertung von Gruppensex (Item 11) Pornographie (Items 13, 16, 18) waren als kognitive Fragen konstruiert, mussten statistisch aber dem Faktor „emotionale Einstellung" zugeordnet werden. Möglicherweise ist dies ein Hinweis auf Themenbereiche, die kognitiv weniger reflektiert werden, weil sie den Jugendlichen irrelevant oder fremd erscheinen. Eher emotional als rational erscheint auch, dass visuelle Pornographie im Einklang mit dem Verhalten eine höhere Akzeptanz findet, als die akustische (Telefonsex). Die emotionale Einstellung wird in Tabelle 6 dargestellt.

Die Einzelwerte der 11 Items wurden zur Überprüfung der Hypothesen dieser Untersuchung zu einer Gesamtvariablen „emotionale Einstellung" summiert. Das theoretisch mögliche Spektrum dieser Variablen reicht bei 11 Items mit je 5 Antwortmöglichkeiten von 11 (freizügiger) bis 55 (zurückhaltender). Tatsächlich war ein Spektrum von 11 bis 45 vorhanden, wobei der Durchschnitt bei 24,65 bei einer Standardabweichung von 5,52 lag.

Tabelle 6: Emotionale Einstellung zur Sexualität

		Geschlecht		Zusammen
		männlich	weiblich	
		Spalten-%	Spalten-%	Spalten-%
Ich habe ein ungestörtes	trifft sehr zu	40,4%	29,9%	34,4%
Verhältnis zu meiner	trifft zu	39,3%	43,4%	41,6%
Sexualität	unentschieden	8,1%	12,0%	10,4%
	trifft nicht zu	5,0%	7,2%	6,3%
	trifft absolut nicht zu	7,2%	7,5%	7,4%
Ich habe Angst, offen mit	trifft sehr zu	2,1%	1,9%	2,0%
jemandem über	trifft zu	6,4%	6,8%	6,7%
Sexualität zu reden	unentschieden	24,0%	18,6%	20,9%
	trifft nicht zu	33,4%	38,2%	36,1%
	trifft absolut nicht zu	34,0%	34,5%	34,3%
Sex ist eine gute Erfindung	trifft sehr zu	55,2%	39,1%	46,0%
der Natur / Gottes	trifft zu	31,5%	39,1%	35,9%
	unentschieden	7,7%	17,4%	13,3%
	trifft nicht zu	2,1%	2,1%	2,1%
	trifft absolut nicht zu	3,4%	2,2%	2,7%
Ich bin zufrieden mit	trifft sehr zu	19,2%	6,2%	11,8%
meinem Körper	trifft zu	48,5%	41,9%	44,7%
	unentschieden	23,1%	33,7%	29,1%
	trifft nicht zu	7,5%	14,2%	11,3%
	trifft absolut nicht zu	1,7%	4,0%	3,0%
Das Thema 'Sexualität'	trifft sehr zu	,4%	1,8%	1,2%
verunsichert mich	trifft zu	3,4%	4,3%	3,9%
	unentschieden	12,7%	10,1%	11,2%
	trifft nicht zu	42,5%	45,4%	44,1%
	trifft absolut nicht zu	40,9%	38,5%	39,5%
Gruppensex widerspricht	trifft sehr zu	19,3%	33,0%	27,1%
meinen Wertvorstellungen	trifft zu	16,5%	27,9%	23,0%
	unentschieden	30,0%	22,8%	25,8%
	trifft nicht zu	20,1%	10,3%	14,5%
	trifft absolut nicht zu	14,1%	6,1%	9,5%
Ein Mensch, der in eine	trifft sehr zu	3,0%	2,6%	2,8%
Peep-Show geht, ist bei	trifft zu	4,7%	8,8%	7,1%
mir unten durch	unentschieden	21,8%	31,2%	27,2%
	trifft nicht zu	36,6%	43,9%	40,8%
	trifft absolut nicht zu	33,8%	13,6%	22,2%
Jeder sollte die Freiheit	trifft sehr zu	38,0%	17,0%	26,0%
haben, sich Pornos	trifft zu	38,2%	47,6%	43,6%
anzuschauen	unentschieden	13,7%	23,7%	19,4%
	trifft nicht zu	7,3%	8,9%	8,2%
	trifft absolut nicht zu	2,8%	2,7%	2,7%
Ich freue mich auf Sex	trifft sehr zu	55,8%	27,5%	39,6%
	trifft zu	34,6%	42,8%	39,3%
	unentschieden	7,9%	24,0%	17,1%
	trifft nicht zu	1,1%	3,8%	2,7%
	trifft absolut nicht zu	,6%	1,9%	1,4%
Telefonsex ist okay	trifft sehr zu	11,2%	5,2%	7,8%
	trifft zu	22,2%	24,2%	23,3%
	unentschieden	41,9%	42,6%	42,3%
	trifft nicht zu	13,5%	18,9%	16,6%
	trifft absolut nicht zu	11,2%	9,1%	10,0%
Manche dieser Fragen	trifft sehr zu	1,5%	2,1%	1,8%
waren mir peinlich	trifft zu	4,5%	5,4%	5,0%
	unentschieden	9,2%	6,4%	7,6%
	trifft nicht zu	28,5%	28,0%	28,2%
	trifft absolut nicht zu	56,3%	58,1%	57,3%

3.3 Sexualverhalten

Das Sexualverhalten wird in partnerbezogenes und partnerunabhängiges Sexualverhalten sowie die Frage nach der Verhütung unterteilt.

3.3.1 Partnerbezogenes Sexualverhalten

Gut zwei Drittel der befragten Jugendlichen sind koitusunerfahren. Wenngleich nicht nach dem Alter für den ersten Geschlechtsverkehr gefragt wird, liefert der Kaplan-Meier-Test ein geschätztes Durchschnittsalter für sexuelle Ersterfahrungen. Interessant ist die Beobachtung, dass bei den Jugendlichen an den Schulen Sexualität wenig Steigerung kennt. Küsse werden mit 16 Jahren zuerst ausgetauscht, Koitus beginnt mit 16 Jahren, Petting und andere sexuelle Erfahrungen mit 17 [sic.] Jahren. Bei den Adventjugendlichen ist neben der zeitlichen „Verspätung" eine „allmähliche" Steigerung der sexuellen Erfahrung zu beobachten: Küssen mit 19, Petting mit 21, andere sexuelle Erfahrungen und Koitus mit 22. Insgesamt unterscheidet sich das partnerbezogene Sexualverhalten der Adventjugendlichen allerdings nicht von dem der anderen Jugendlichen.

In Promiskuität unterscheiden sich die männlichen Koituserfahrenen nicht von den weiblichen. Homosexuelle Erfahrungen (auch mit mehr als einem Partner) sind bei einer kleinen Minderheit von männlichen und weiblichen Jugendlichen vorhanden. Der Begriff „andere sexuelle Erfahrungen" ist mit Rücksichtnahme auf jüngere und/oder empfindsamere Jugendliche und deren Eltern nicht näher definiert. So ist nicht ersichtlich, ob es sich hinter den Zahlen z.B. oraler, analer oder andere Formen sexuellen Verhaltens verstecken, was eine sinnvolle Interpretation natürlich erschwert.

Tabelle 7: Partnerbezogenes Sexualverhalten

		Geschlecht		Zusammen
		männlich	weiblich	
		Spalten-%	Spalten-%	Spalten-%
Ich habe schon	nein	12,9%	15,1%	14,2%
geküßt	1 Partner	24,0%	17,5%	20,3%
	2-3 Partner	20,7%	24,9%	23,1%
	> 3 Partner	35,1%	37,9%	36,7%
	> 1 Partner gleichzeitig	7,4%	4,5%	5,7%
Ich habe Erfahrung	nein	47,9%	42,8%	45,0%
mit Petting	1 Partner	25,1%	26,5%	25,9%
	2-3 Partner	13,6%	18,1%	16,2%
	> 3 Partner	11,2%	11,8%	11,6%
	> 1 Partner gleichzeitig	2,2%	,8%	1,4%
Ich hatte schon	nein	57,5%	61,5%	59,8%
andere sexuelle	1 Partner	22,1%	22,7%	22,5%
Erfahrungen	2-3 Partner	9,9%	9,5%	9,7%
	> 3 Partner	9,2%	5,3%	7,0%
	> 1 Partner gleichzeitig	1,3%	1,0%	1,1%
Ich habe schon	nein	69,2%	66,6%	67,7%
Geschlechtsverkehr	1 Partner	17,2%	19,3%	18,4%
gehabt	2-3 Partner	5,8%	8,8%	7,6%
	> 3 Partner	7,1%	4,7%	5,7%
	> 1 Partner gleichzeitig	,6%	,6%	,6%
Ich hatte schon	nein	94,8%	96,3%	95,7%
homosexuelle	1 Partner	4,1%	3,0%	3,5%
Kontakte	2-3 Partner	,4%	,3%	,4%
	> 3 Partner	,2%	,2%	,2%
	> 1 Partner gleichzeitig	,4%	,2%	,3%

3.3.2 Partnerunabhängiges Sexualverhalten

Der Konsum von Pornographie ist nach wie vor eher, bei weitem aber nicht ausschließlich eine „Männersache". Nur 22,2% der männlichen, aber 64,7% der weiblichen Jugendlichen haben Pornographie (noch) nicht konsumiert. Telefonsex wird relativ wenig in Anspruch genommen. Hier ist abzuwarten, ob sich die gesellschaftliche Akzeptanz ähnlich entwickelt wie bei den visuellen pornographischen Medien, wobei allerdings die Kosten eine erhebliche Rolle spielen dürften.

Masturbation wird von einem geringeren Anteil von Jugendlichen eingestanden, als zu erwarten wäre. Dies mag zum einen an der Fragestellung liegen (was genau ist „regelmäßig"), zum anderen an der

Stärke anderer sexueller Aktivitäten. Beachtlich ist, dass 84% der Befragten sexuelle Phantasien eingestehen, aber nur 57,7% Masturbation. Am unbekannten Begriff wird dieses Ergebnis nicht gelegen haben, da dieser in Item 14 erklärt wird (in einigen Fällen haben die Jugendlichen allerdings zusätzlich nachgefragt).

Tabelle 8: Partnerunabhängiges Sexualverhalten

		Geschlecht		Zusammen
		männlich	weiblich	
		Spalten-%	Spalten-%	Spalten-%
Ich sehe/lese Pornos	nie	22,2%	64,7%	46,7%
	1 mal	8,9%	10,5%	9,9%
	selten	35,4%	17,9%	25,3%
	manchmal	25,9%	6,2%	14,5%
	regelmäßig	7,6%	,6%	3,6%
Ich rufe beim Telefonsex an	nie	84,6%	96,8%	91,6%
	1 mal	7,6%	2,1%	4,4%
	selten	6,3%	,5%	2,9%
	manchmal	,6%	,3%	,5%
	regelmäßig	,9%	,3%	,6%
Ich habe sexuelle Phantasien	nie	8,1%	21,8%	16,0%
	1 mal	1,3%	2,6%	2,0%
	selten	16,4%	21,8%	19,6%
	manchmal	44,5%	43,2%	43,7%
	regelmäßig	29,6%	10,6%	18,6%
Ich masturbiere	nie	21,6%	57,8%	42,3%
	1 mal	3,1%	3,1%	3,1%
	selten	19,4%	16,9%	18,0%
	manchmal	32,2%	16,1%	23,0%
	regelmäßig	23,7%	6,0%	13,6%

3.3.3 Verhütung

Die Verantwortung für Verhütung wird von den weiblichen Jugendlichen deutlich stärker übernommen als von den männlichen. Angesichts der breit angelegten Aufklärungskampagnen zu AIDS ist es wohl erschreckend, dass noch immer über 40% der mit mehr als einem Partner koituserfahrenen männlichen Jugendlichen *nicht* regelmäßig verhüten.

Tabelle 9: Verhütung

		Geschlecht		Zusammen
		männlich	weiblich	
		Spalten-%	Spalten-%	Spalten-%
Ich gebrauche	nie	43,5%	46,5%	45,3%
Verhütungsmittel	1 mal	3,7%	3,0%	3,3%
	selten	7,1%	1,8%	4,1%
	manchmal	10,1%	4,0%	6,6%
	regelmäßig	35,5%	44,7%	40,8%
Verhütung bei	nie	11,3%	4,8%	7,4%
Koituserfahrenen	1 mal	5,6%	3,4%	4,3%
	selten	8,5%	2,4%	4,9%
	manchmal	15,5%	6,7%	10,3%
	regelmäßig	59,2%	82,7%	73,1%
Verhütung bei	nie	7,9%	4,5%	6,0%
Koituserfahrenen mit	1 mal	1,6%	1,1%	1,3%
mehr als 1 Partner	selten	9,5%	3,4%	6,0%
	manchmal	22,2%	4,5%	11,9%
	regelmäßig	58,7%	86,4%	74,8%

3.4 Sonstige Fragen

Der Fragebogen enthielt am Schluss zwei Items, die nicht in die ei-
gentliche Untersuchung eingehen sollten. Wurde die Frage „Ich habe
mich bemüht, offen und ehrlich zu antworten" nicht mit „ja" beantwortet, fand der Fragebogen in der Untersuchung keine Verwendung. Neben der Frage nach der Relevanz des Themas gab es noch
drei Fragen, die nach der ursprünglichen Studie ausgetauscht wurden. Diese Fragen werden hier der Vollständigkeit halber dargestellt,
obwohl sie um einer besseren Vergleichbarkeit willen keine Verwendung fanden.

3.4.1 Relevanz des Themas

Männliche und weibliche Jugendliche wünschten sich einhellig mehr
Behandlung des Themas Sexualität in der Schule (86%). Die Zahlen
sind für Adventjugendliche identisch (dort bezog sich die Frage auf
die Jugendgruppe anstatt auf die Schule). Zu fragen ist hier nicht
nur, *ob*, sondern vor allem *wie* dem Wunsch der Jugendlichen entsprochen werden kann. Offensichtlich ist das breite und vielfältige

Informationsangebot in den Medien und in der Schule nicht ausreichend oder nicht den eigentlichen Bedürfnissen entsprechend.

3.4.2 Ursprüngliche Fragen der ersten Studie

In der ursprünglichen Studie waren drei Items enthalten, die sich in der statistischen Analyse weder kognitiven noch emotionalen Faktoren zuordnen ließen. Sie wurden deshalb ausgetauscht. Die erste der drei wurde wegen mangelnder Eindeutigkeit uneinheitlich beantwortet. Die anderen beiden hätten eventuell einen eigenen Faktor („Nacktheit/Schamgefühl") ergeben. Die in Tabelle 10 angegebenen Daten beziehen sich auf die ursprüngliche Studie, also nur auf Adventjugendliche.

Tabelle 10: Ausgetauschte Items der ursprünglichen Studie

		Geschlecht		Zusammen
		männlich	weiblich	
		Spalten-%	Spalten-%	Spalten-%
Außer Geschlechtsverkehr ist vor der Ehe alles erlaubt	trifft sehr zu	5,7%	11,1%	8,6%
	trifft zu	13,2%	15,9%	14,7%
	unentschieden	39,6%	46,0%	43,1%
	trifft nicht zu	30,2%	14,3%	21,6%
	trifft absolut nicht zu	11,3%	12,7%	12,1%
Ich kann mir vorstellen, mit meiner Gruppe in eine gemischte Sauna zu gehen	trifft sehr zu	15,1%	3,1%	8,5%
	trifft zu	26,4%	26,6%	26,5%
	unentschieden	15,1%	20,3%	17,9%
	trifft nicht zu	26,4%	20,3%	23,1%
	trifft absolut nicht zu	17,0%	29,7%	23,9%
Ich finde den Gedanken abwegig, an einem FKK Strand Urlaub zu machen	trifft sehr zu	11,3%	4,6%	7,6%
	trifft zu	3,8%	20,0%	12,7%
	unentschieden	20,8%	18,5%	19,5%
	trifft nicht zu	30,2%	29,2%	29,7%
	triff absolut nicht zu	34,0%	27,7%	30,5%

3.4.3 Neue Items bei der Untersuchung an Schulen

Die drei in Tabelle 10 genannten Items wurden komplett ersetzt. Die neuen Items wurden in der Faktorenanalyse nicht berücksichtigt, um eine Vergleichbarkeit der Daten zu gewährleisten. Tabelle 11 listet die drei Items, die nur an den Schulen vorgelegt wurden, mit den entsprechenden Ergebnissen.

Tabelle 11: Neue Items bei der Untersuchung an Schulen

		Geschlecht		Zusammen
		männlich	weiblich	
		Spalten-%	Spalten-%	Spalten-%
Sex ist ekelig	trifft sehr zu	1,2%	1,6%	1,4%
	trifft zu	,2%	,2%	,2%
	unentschieden	1,9%	8,0%	5,4%
	trifft nicht zu	12,3%	21,8%	17,8%
	trifft absolut nicht zu	84,3%	68,5%	75,2%
Das Thema Sex hängt mir zum Halse raus	trifft sehr zu	1,0%	1,2%	1,1%
	trifft zu	2,9%	3,0%	3,0%
	unentschieden	13,6%	14,4%	14,0%
	trifft nicht zu	38,3%	47,2%	43,4%
	trifft absolut nicht zu	44,1%	34,2%	38,4%
Mit einem festen Partner würde ich jede sexuelle Aktivität machen, die er/sie will	trifft sehr zu	36,5%	7,8%	20,0%
	trifft zu	27,5%	12,4%	18,8%
	unentschieden	23,4%	32,3%	28,6%
	trifft nicht zu	10,1%	32,1%	22,8%
	trifft absolut nicht zu	2,4%	15,3%	9,8%

4. Hypothesen

Die Hypothesen wurden als Nullhypothesen formuliert. Die tatsächlich erwarteten Ergebnisse werden als Anmerkung notiert. Die Hypothesen wurden mit den jeweils beschriebenen Testverfahren bei einem Signifikanzniveau von 0,05 überprüft.

4.1 Hypothese 1: Alter

Kognitive und emotionale Einstellung sowie Sexualverhalten sind altersunabhängig. Erwartet wurden altersbedingte Unterschiede im Verhalten. Nach den Ergebnissen der ursprünglichen Studie wurden keine Unterschiede für emotionale und kognitive Einstellungen erwartet. Zur Überprüfung der Hypothese wurde das Alter mit der emotionalen und kognitiven Einstellung sowie dem Sexualverhalten korreliert. Dabei waren alle Korrelationen signifikant (siehe Tabelle 12).

Tabelle 12: Korrelation mit Alter

		Alter	Emotionale Einstellung	Kognitive Einstellung	Sexualverhalten (gesamt)
Pearson Correlation	Alter	1,000	,079*	,156**	,263**
	Emotionale Einstellung	,079*	1,000	,475**	-,500**
	Kognitive Einstellung	,156**	,475**	1,000	-,317**
	Sexualverhalten (gesamt)	,263**	-,500**	-,317**	1,000
Sig. (2-tailed)	Alter	,	,011	,000	,000
	Emotionale Einstellung	,011	,	,000	,000
	Kognitive Einstellung	,000	,000	,	,000
	Sexualverhalten (gesamt)	,000	,000	,000	,
N	Alter	1101	1035	1070	961
	Emotionale Einstellung	1035	1039	1016	919
	Kognitive Einstellung	1070	1016	1073	943
	Sexualverhalten (gesamt)	961	919	943	965

*. Correlation is significant at the 0.05 level (2-tailed).
**. Correlation is significant at the 0.01 level (2-tailed).

Erwartungsgemäß steigt die sexuelle Aktivität mit zunehmendem Alter. Überraschend ist jedoch, dass mit zunehmenden Alter die kognitive Einstellung konservativer und die emotionale Einstellung zurückhaltender zu werden scheint. Die Korrelation ist zwar nicht besonders ausgeprägt, aber zumindest für die kognitive Einstellung hochsignifikant. Allerdings ist dieses Ergebnis durch die (vergleichsweise ältere) Gruppe der Adventjugend etwas verzerrt. Korreliert man die Daten ohne die Teilnehmer der Adventjugend, gibt es keine signifikanten Unterschiede in Bezug auf die emotionale und kognitive Einstellung (siehe Tabelle 13). Somit entspricht das Ergebnis der Erwartung und der ursprünglichen Studie.

Tabelle 13: Korrelation mit Alter, ohne Adventjugend

		Alter	Emotionale Einstellung	Kognitive Einstellung	Sexualverhalten (gesamt)
Pearson Correlation	Alter	1,000	-,058	-,058	,354**
	Emotionale Einstellung	-,058	1,000	,431**	-,494**
	Kognitive Einstellung	-,058	,431**	1,000	-,283**
	Sexualverhalten (gesamt)	,354**	-,494**	-,283**	1,000
Sig. (2-tailed)	Alter	,	,078	,073	,000
	Emotionale Einstellung	,078	,	,000	,000
	Kognitive Einstellung	,073	,000	,	,000
	Sexualverhalten (gesamt)	,000	,000	,000	,
N	Alter	983	924	957	870
	Emotionale Einstellung	924	927	906	829
	Kognitive Einstellung	957	906	959	852
	Sexualverhalten (gesamt)	870	829	852	873

**. Correlation is significant at the 0.01 level (2-tailed).

4.2 Hypothese 2: Geschlecht

Kognitive und emotionale Einstellung sowie Sexualverhalten sind für männliche und weibliche Jugendliche gleich. Nach den Ergebnissen der ursprünglichen Studie wurden Unterschiede in allen drei Bereichen erwartet. Die Hypothese wurde durch T-Tests überprüft. Dabei wurde das Sexualverhalten (Items 21-30) zusätzlich in partnerbezogenes (Items 21-25) und partnerunabhängiges Sexualverhalten (Items 25-29) unterteilt.

Bei den männlichen Jugendlichen war die emotionale Einstellung hochsignifikant (Sign. < 0,001) freizügiger, die kognitive Einstellung signifikant (Sign. 0,023) progressiver als bei den weiblichen Jugendlichen. Das Sexualverhalten ist bei den männlichen Jugendlichen ebenfalls deutlich ausgeprägter (Sign.< 0,001). Dieser Unterschied kommt allerdings nur durch die Items zur partnerunabhängigen Sexualität zustande. Beim partnerorientierten Sexualverhalten gibt es überhaupt keinen Unterschied zwischen männlichen und weiblichen Jugendlichen!

Die gleichen Tests ohne die Gruppe der Adventjugendlichen bringt ähnliche Ergebnisse mit Ausnahme der kognitiven Einstellungen. Ohne die Adventjugendlichen sind die weiblichen Jugendlichen etwas progressiver in ihren Einstellungen als die männlichen (Sign. 0,005). Dies ist ein möglicher Hinweis darauf, dass weibliche Adventjugendliche in der kognitiven Einstellung deutlich konservativer geprägt sind, als andere weibliche Jugendliche.

4.3 Hypothese 3: Christsein

Kognitive und emotionale Einstellung sowie Sexualverhalten sind unbeeinflusst von der Frage, ob sich der Jugendliche als praktizierender Christ sieht oder nicht. Nach den Ergebnissen der ursprünglichen Studie wurden Unterschiede in der kognitiven Einstellung erwartet. Die Hypothese wurde wie die vorherige mit T-Tests überprüft.

Praktizierende Christen haben eine emotional zurückhaltendere und kognitiv konservativere Einstellung zur Sexualität (Sign. jeweils < 0,001). Auch beim Sexualverhalten sind Christen insgesamt zurückhaltender. Beim partnerunabhängigen Sexualverhalten unterscheiden sich die praktizierenden Christen jedoch nicht von den anderen Jugendlichen. Die Ergebnisse bleiben gleich, auch wenn man die Gruppe der Adventjugendlichen herausnimmt.

4.4 Hypothese 4: Konservatismus

Kognitive und emotionale Einstellung sowie Sexualverhalten sind unabhängig von der Selbsteinschätzung des Grades des Konservatismus. Erwartet wurden Unterschiede in allen drei Bereichen. In der vorausgegangenen Studie innerhalb der Adventjugend hatte diese Variable die höchste Effektgröße. Die Hypothese wurde mit One-Way ANOVAs überprüft. Für alle Variablen gab es signifikante Unterschiede. Die Ergebnisse veränderten sich nur unwesentlich, wenn die Daten der Adventjugendlichen herausgenommen wurden. Die folgenden Unterscheidungen ergaben sich aus dem post hoc Test des kleinsten signifikanten Unterschiedes (LSD).

Bei der emotionalen Einstellung unterschieden sich nur die weniger konservativen Jugendlichen signifikant von allen anderen. Sie weisen eine freizügigere Einstellung auf. Bei der kognitiven Einstellung unterscheiden sich alle drei Gruppen (konservativer, genauso konservativ, weniger konservativ) signifikant voneinander. Dabei ist erwartungsgemäß eine der eigenen Einstellung entsprechende Zuordnung von konservativ bis progressiv gegeben.

Beim Sexualverhalten unterscheiden sich die weniger konservativen Jugendlichen signifikant von allen anderen. Sie sind erwartungsgemäß sexuell stärker aktiv. Beim partnerunabhängigen Sexualverhalten sind nur Unterschiede zwischen genauso konservativen und weniger konservativen Jugendlichen festzustellen, wobei die weniger konservativen erwartungsgemäß eine stärkere Aktivität aufweisen. Beim partnerbezogenen Sexualverhalten gibt es signifikante Unterschiede zwischen den genauso konservativen Jugendlichen und den beiden anderen Gruppen. Sie weisen die geringste partnerorientierte Aktivität aus. Der Unterschied zwischen konservativeren und weniger konservativen Jugendlichen hingegen ist überraschender Weise nicht signifikant!

4.5 Hypothese 5: Regionale Unterschiede

Kognitive und emotionale Einstellung sowie Sexualverhalten sind unabhängig von geographischen Gegebenheiten. Es wurden keine signifikanten Unterschiede erwartet. Die Hypothese wurde mit One-Way ANOVAs überprüft. Für alle Variablen gab es signifikante Unterschiede. Die folgenden Unterscheidungen ergaben sich aus dem *post hoc* Test des kleinsten signifikanten Unterschiedes (LSD).

Bei der emotionalen Einstellung unterschieden sich ausschließlich die Adventjugendlichen von allen anderen regionalen Gruppen. Sie sind deutlich weniger freizügig in der emotionalen Einstellung als alle anderen Gruppen. Bei der kognitiven Einstellung sind die Adventjugendlichen ebenfalls deutlich konservativer als alle anderen Gruppen, doch gibt es auch signifikante Unterschiede zwischen Ost-Berlinern und West-Berlinern bzw. Brandenburgern (die Ost-Berliner sind konservativer als die anderen beiden Gruppen).

Beim Sexualverhalten unterscheiden sich die West-Berliner signifikant von den Adventjugendlichen und den Ost-Berlinern. Die West-Berliner sind sexuell aktiver. Beim partnerunabhängigen Sexualverhalten zeigen die West-Berliner eine höhere Aktivität als alle anderen Gruppen. Beim partnerorientierten Sexualverhalten sind die Ost-Berliner Jugendlichen signifikant weniger aktiv als die Brandenburger und West-Berliner.

Insgesamt völlig überraschend sind die sehr konservativen Ergebnisse aus Ost-Berlin. Da hier die meisten Daten von einer einzigen Schule stammen, mögen besondere Faktoren vorliegen, die das Ergebnis beeinflussen. Es ist sehr wahrscheinlich nicht repräsentativ und bedarf weiterer Erforschung.

4.6 Hypothese 6: Interaktionen

Es gibt keine Interaktionen zwischen den Variablen der Hypothesen. Es wurden keine Interaktionen erwartet. Die Hypothese wurde mit mehreren Varianzanalysen (MANCOVA) untersucht, wobei jeweils das Alter herausgerechnet wurde, da alle Jugendlichen älter werden, die anderen Prediktoren aber eher konstant bleiben. Alle theoretisch denkbaren Interaktionen zu testen war weder inhaltlich noch statistisch sinnvoll. Untersucht wurden deshalb die inhaltlich relevanten Interaktionen zwischen Geschlecht und den anderen Variablen (siehe Tabelle 14).

Tabelle 14: Interaktionen

	Kognitive Einstellung	Emotionale Einstellung	Sexualverhalten
Konservatismus / Geschlecht	Keine Interaktion, Geschlecht kein signifikanter Haupteffekt	keine Interaktion, beide Variablen Haupteffekte	keine Interaktion, beide Variablen Haupteffekte
Ort / Geschlecht	Interaktion (Sign.: 0,034), beide Variablen Haupteffekte	keine Interaktion, beide Variablen Haupteffekte	keine Interaktion (aber Annäherung: Sign. von $F = 0,053$), beide Variablen Haupteffekte
Christsein / Geschlecht	Keine Interaktion, Geschlecht kein signifikanter Haupteffekt	keine Interaktion, beide Variablen Haupteffekte	keine Interaktion, beide Variablen Haupteffekte

Die Interaktion zwischen Ort und Geschlecht ist komplex und nur schwer interpretierbar. Während in Brandenburg und der Adventjugend keine Unterschiede zwischen männlichen und weiblichen Jugendlichen bestehen (wohl aber zwischen den Jugendlichen in Brandenburg und der Adventjugend), bestehen in Berlin signifikante Unterschiede nach Geschlechtern (die männlichen Jugendlichen sind im Denken konservativer). Bei den weiblichen Jugendlichen ist darüber hinaus eine signifikante Unterscheidung zwischen West- und Ost-Berliner Jugendlichen festzustellen: die West-Berliner weiblichen Jugendlichen sind signifikant konservativer in der kognitiven Einstellung als die Ost-Berliner weiblichen Jugendlichen.

Die Annäherung an eine Interaktion zwischen Ort und Geschlecht beim Sexualverhalten erklärt sich aus dem stärkeren partnerunabhängigen Sexualverhalten der West-Berliner männlichen Jugendlichen gegenüber einem eher in allen Regionen konstanten partnerunabhängigen Sexualverhalten der weiblichen Jugendlichen.

Die Analysen zur Interpretation der Interaktionen wurden mit dem CHAID Verfahren von SPSS, einer automatisierten Datenanalyse mit Chi-Quadrat Tests, durchgeführt.

Insgesamt sind die vorkommenden Interaktionen eher zu vernachlässigen und bestätigt sich mit den genannten Ausnahmen die Hypothese, dass keine Interaktionen bestehen und somit jeder Faktor (Geschlecht, Christsein, Konservatismus, Ort) für sich allein betrachtet werden kann.

Bei gemeinsamer Betrachtung der Variablen ist noch die Gewichtung von Interesse: Welche der Variablen haben den größten Einfluss auf Verhalten und Einstellung? Eine entsprechende Regressionsanalyse gab Aufschluss darüber. Bei der kognitiven Einstellung war die Zugehörigkeit zur Adventjugend am stärksten gewichtet (Beta = 0,362), gefolgt von der Variablen „Konservatismus" (Beta = 0,206). Bei der emotionalen Einstellung ist das Geschlecht (Beta = 0,262) am bedeutendsten, gefolgt von der Zugehörigkeit zur Adventjugend (Beta = 0,212). Beim Sexualverhalten weist das Alter (Beta = 0,383) das größte Gewicht auf, wiederum gefolgt von Zugehörigkeit zur Adventjugend (Beta = 0,224).

Aus der Regressionsanalyse lässt sich schließen, dass nur für das Sexual*verhalten* das Alter ein signifikanter Faktor ist. Mit anderen Worten, die Einstellung zur Sexualität ändert sich im Laufe der Adoleszenz relativ wenig. Die Prominenz der Variablen „Konservatismus" mag überraschen und ist ein Hinweis auf die Bedeutung des (eigentlich nur vage definierten) Konstruktes. Dass die Zugehörigkeit zur Adventjugend jeweils innerhalb der obersten beiden Stellen liegt, weist auf die Besonderheit dieser Gruppe hin, die weitaus ausgeprägter sind, als regionale Unterschiede zwischen Ost und West oder Stadt und Land.

5. Zusammenfassung und Diskussion

Zusammengefasst zeigt die vorliegende Studie Unterschiede im Sexualverhalten und in der Einstellung zur Sexualität zwischen jüngeren und älteren, männlichen und weiblichen, christlich orientierten und nicht christlich orientierten, konservativen und weniger konservativen Jugendlichen in Berlin und Brandenburg. Auch konnten regionale Unterschiede nachgewiesen werden, die jedoch insbesondere im Hinblick auf das konservative Sexualverhalten der Ost-Berliner Jugendlichen weiteren Klärungsbedarf anzeigen. In den meisten Fällen entsprechen die Ergebnisse den Vermutungen.

Ein besonderes Anliegen der Studie war der Vergleich zwischen Angehörigen der freikirchlichen Adventjugend und anderen Jugendlichen. Adventjugendliche unterscheiden sich vor allem dadurch, dass bei ihnen sexuelle Aktivität später einsetzt als bei anderen und sich schrittweise steigert, doch sind auch etwas andere kognitive und emotionale Einstellungen zu.

Daneben gibt es einige bemerkenswerte demographische Ergebnisse, die gängigen Vorstellungen eher widersprechen. So ist die Problematik der Homosexualität quantitativ geringer als allgemein angenommen. Auch sexueller Missbrauch kann nicht in so umfangreichem Maße nachgewiesen werden, wie nach der Literatur zu erwarten gewesen wäre.

Insgesamt erscheinen die Ergebnisse als lohnend und fordern die hier vorgelegten Daten zur Diskussion heraus. Die hier vorgetragenen Anmerkungen sind der bescheidene Versuch, diese Diskussion in Gang zu setzen.

5.1 Zur Methodik

Wenngleich die Erhebungsmethode vergleichsweise einfach war, ist die Ausbeute an brauchbaren Ergebnissen beträchtlich. Gerade in Bezug auf Sexualität werden häufig sehr viel aufwändigere Forschungsmethoden (wie z.B. strukturierte Interviews) verwendet. Die hohe Akzeptanz bei den teilnehmenden Jugendlichen und die Ernsthaftigkeit, mit der die Fragebögen ausgefüllt wurden, sind ein positives Signal für die Nützlichkeit und Effektivität des verwendeten Verfahrens.

Natürlich gibt es auch Anlass zur Kritik ein. Warum eine Frage so und nicht anders gestellt wurde, warum manche Fragen überhaupt gestellt wurden und andere nicht. Wenngleich solche Kritik sehr ernst genommen werden muss, darf dabei nicht übersehen werden, dass sie erst durch die Transparenz und Einheitlichkeit der Erhebungsmethode möglich wird. Ein strukturiertes Interview ist zwar wesentlich flexibler, entzieht sich aber auch stärker einer systematischen inhaltlichen Kritik.

Daneben bietet das Verfahren weitere Vorteile. Durch den geringen Pro-Kopf-Aufwand konnte nicht nur eine größere Datenmenge gesammelt werden, sondern sehr wahrscheinlich auch eine sehr repräsentative. Interviews und andere aufwendige Verfahren dürften selektiver sein, da nur hochmotivierte Probanden zur Teilnahme zu bewegen sind. Gerade beim Thema Sexualität sind Verzerrungen durch starke Selbstselektion vermutlich nicht nur graduell, sondern qualitativ entscheidend. Deshalb erscheint die hier gewählte Vorgehensweise – bei allen diskutierbaren inhaltlichen Vorbehalten und Einschränkungen, die bestehen mögen – als mindestens genauso zuverlässig wie aufwändigere Verfahren.

5.2 Zur Demographie

Die vorgelegten Daten sind für Kenner der Materie im großen und ganzen nicht all zu überraschend. Doch gibt es Ausnahmen, die der Erwähnung bedürfen, nicht nur weil sie vom Erwarteten abweichen, sondern weil sie auch von gesellschaftspolitischer Brisanz sind.

5.2.1 Sexueller Missbrauch

Bereits oben wurde darauf hingewiesen, dass der Prozentsatz sexuellen Missbrauchs, den diese Studie angibt, nicht akzeptabel ist. Jeder einzelne Fall von Missbrauch ist ein Fall zuviel! Jedoch sind die Daten weit entfernt von den 10-30 % die in der Literatur zum Thema zu finden ist. Wie kommt diese Diskrepanz zustande?

Möglich wäre es, dass diese Studie nicht repräsentativ ist. Doch ist dies eher unwahrscheinlich, da die Inzidenz für alle Schulen aus allen Gebieten gleich hoch ist. „Angst" wird häufig als ein Grund für Dunkelziffern angegeben. Hier bot gerade die Anonymität der Befragung den nötigen Schutz, die Angst zu überwinden und die Chance, das sonst Unaussprechliche einzugestehen. Möglich wäre auch, dass die Fragestellung nicht genügend Freiraum gegeben hat, sie ehrlich zu beantworten. Doch wurde hier unverblümt nach sexuellem Missbrauch gefragt und dem Probanden überlassen, diesen zu definieren. Aus klinischer Sicht aber ist sexueller Missbrauch in erster Linie das, was als solcher erlebt wird, also vom Betroffenen so definiert wird.

Am plausibelsten mag die Vermutung sein, dass sexueller Missbrauch von Betroffenen durch eine Art Schutzmechanismus so erfolgreich verdrängt wird, dass er in der Jugend nicht mehr erinnert wird. Aus klinischer Erfahrung mag das in vielen Fällen zutreffen (oft wird der Missbrauch erst zwischen 30 und 40 Jahren aufgedeckt). Doch reicht diese Erklärung selbst unter Berücksichtigung der Dunkelziffer kaum aus, um über die in ähnlicher Vorgehensweise im christlichen Umfeld nachgewiesenen ca. 10% hinauszukommen (TREECK und BOCHMANN 1998).

Deshalb ist eher zu befürchten, dass manche Angaben zum Thema „sexueller Missbrauch" aus gesellschaftspolitischen oder schlimmer noch aus kommerziellen Gründen übertrieben werden. Auch bei positiver Motivation wird damit den Betroffenen kein guter Dienst erwiesen. Ein Phänomen, das jede dritte oder vierte Frau erlebt, wird zwangsläufig zu etwas „Normalem", d.h. wird in seiner Bedeutung eher mehr verharmlost als ernster genommen. Die Traumatisierung durch sexuellen Missbrauch beruht aber gerade darauf, dass die Erfahrung außerhalb der Norm liegt.

5.2.2 Homosexualität

Ähnlich ist es beim Thema Homosexualität. Die völlige Anonymität der Befragung hätte ein „outen" relativ problemlos erlaubt. Dennoch sind die Zahlen vergleichsweise gering. Das mag manchen Aktivisten für die Rechte Homosexueller enttäuschen. Doch macht es keinen Sinn, Minderheiten zu „vergrößern", nur um Minderheitenrechte fordern zu können. Eine Mehrheit braucht letztlich keinen Minderheitenschutz. Mit anderen Worten, der Schutz der Rechte Homosexueller (und anderer Minderheiten) darf gerade nicht an der Menge der Betroffenen ausgerichtet sein. Ganz sicher wird man diesen Rechten nicht voranhelfen, indem eigentlich Heterosexuellen eine homosexuelle Neigung statistisch angedichtet oder real eingeredet wird (siehe dazu auch DIETERICH 1997).

Es liegt weder im Rahmen der Möglichkeiten noch in der Absicht dieser Studie hier Veränderungen vorzuschlagen. Doch wird gehofft, dass die Ergebnisse dieser Untersuchung nicht von vornherein als Zerrbild der Realität abgetan werden, sondern zur Reflexion ermutigen.

5.2.3 Aufklärung und Verhütung

Im Rahmen der AIDS-Prophylaxe ist viel zur Aufklärung Jugendlicher geschehen. Dennoch scheinen die Ergebnisse dieser Studie zu belegen, dass weitere Maßnahmen erforderlich sind. Es werden deutlich zu wenig Schutzmaßnahmen erkennbar, vor allem bei männlichen Jugendlichen. Auch hier ist zu fragen, ob eine Steigerung der Quantität der geeignete Weg ist, ein besseres Ergebnis zu erzielen.

Obwohl alle Schüler bereits vor dem Befragungsalter Sexualkunde im Rahmen des Biologieunterrichtes erhalten haben müssten, gab nur ein Drittel der Jugendlichen an, durch Lehrer aufgeklärt worden zu sein. Dies kann verschiedene Gründe haben. Der Sexualkundeunterricht war (aus welchen Gründen auch immer) ausgefallen, wurde von den Jugendlichen „vergessen" oder – so wohl am wahrscheinlichsten – war ein irrelevanter, d.h. nicht wirklich aufklärender Beitrag in der Entwicklung der Jugendlichen. Hier sind Fragen an Lehrer und Schulen, aber auch an Kultusministerien zu stellen, die wiederum über Fragen der Quantität hinausgehen. Der Wunsch nach „mehr" ist bei den Schülern zumindest vorhanden und darf sicher nicht nur quantitativ verstanden werden.

Der Wunsch nach Aufklärung wird am ehesten von Medien abgedeckt. Es fehlt nicht mehr viel und genauso viele Jugendliche sind durch Medien aufgeklärt, wie durch die Eltern. Natürlich sind unter Medien nicht nur die vorbildlichen Schriften der BZgA zu verstehen ... Aus der Sicht dieses Autors geschieht „kommerzialisierte" Aufklärung oft ohne die nötige gesellschaftliche (oder gar moralische) Verantwortung. Gerade deshalb ist ein Konzept für umfassende, ganzheitliche (d.h. über Wissensvermittlung hinausgehende) Aufklärung so erstrebenswert. Hier sind neben den Schulen auch andere gesellschaftliche Verantwortungsträger einschließlich der Kirchen gefordert, eine ganzheitliche, integrative Sicht von Sexualität anzubieten.

5.3 Zu den Hypothesen

Insgesamt haben sich die Hypothesen erwartungsgemäß bestätigt. Doch gab es auch einige Überraschungen, über die sich nur Vermutungen anstellen lassen.

5.3.1 Alter

Es ist nicht überraschend, dass sexuelle Aktivität bei Jugendlichen mit zunehmendem Alter ansteigt. Weniger offensichtlich ist hingegen, dass mit zunehmendem Alter eine größere Zurückhaltung in sowohl emotionaler, als vor allem kognitiver Einstellung zu verzeichnen ist. Dieses Ergebnis lässt sich unterschiedlich deuten. Es ist möglich, dass viele Jugendliche Erfahrungen mit der Sexualität gemacht haben, die hinter ihren Erwartungen zurückgeblieben sind, d.h. sie haben Enttäuschungen erlebt, die sie gefühlsmäßig, vor allem aber in Wertevorstellungen vorsichtiger werden ließen. Alternativ ist es möglich, dass mit zunehmendem Alter insgesamt eine stärkere Reflexion einsetzt.

Bemerkenswert ist hier allerdings auch, dass Jugendliche in „festen Partnerschaften" eine freizügigere Wertvorstellung, zugleich aber eine weniger freie emotionale Einstellung aufweisen, als Jugendliche, die keinen festen Partner haben. Auch auf die Gefahr hin, als moralistisch eingestuft zu werden, deuten diese Ergebnisse auf die Möglichkeit hin, dass sehr frühe sexuelle Erfahrungen nicht zu einer positiven emotionalen Entwicklung im Bereich der Sexualität führen. Eine solche Vermutung deckt sich zwar mit diversen Forschungsergebnissen, wird aber öffentlich (insbesondere von den „kommerziell aufklärenden Medien") kaum zur Kenntnis genommen. Nicht zuletzt deshalb ist in diesem Bereich mehr Forschung angebracht!

5.3.2 Geschlecht

Männliche Jugendliche sind zwar im partnerunabhängigen Sexualverhalten deutlich aktiver, doch haben die weiblichen Jugendlichen im partnerorientierten Sexualverhalten längst gleichgezogen. In der kognitiven Einstellung sind die weiblichen Jugendlichen sogar freizügiger als die männlichen. Allerdings sind die Unterschiede beim partnerunabhängigen Sexualverhalten insofern bemerkenswert, als sie einer manchmal vorgetragenen Ideologie widersprechen, nach der die weibliche Sexualität nur durch geistige (früher auch wirtschaftliche, religiöse etc.) Unterdrückung nicht in gleicher Weise ausgelebt würde, wie die männliche. Gerade weil die kognitive Einstellung bei den jungen Frauen „liberaler" ist als die der männlichen, das partnerunabhängige Sexualverhalten dennoch „konservativer", kann eine solche Ideologie nicht überzeugen.

Auffallend sind ferner die deutlichen Unterschiede in der emotionalen Einstellung zur Sexualität. Trotz jahrzehntelangen Bemühens gehen die weiblichen Jugendlichen zurückhaltender und unsicherer mit Sexualität und ihrer eigenen Körperlichkeit um als die männlichen. Ähnlich den Anmerkungen des Autors zum Thema Homosexualität ist zu fragen, ob nicht gerade das permanente „Entproblematisieren" und das systematische Enttabuisieren weiblicher Sexualität zu einem Erwartungs- und Leistungsdruck führen, dem junge Frauen dann gerade nicht gerecht werden! Eine Überbetonung des „Normalen" unterstreicht gerade, dass etwas erst als „normal" deklariert werden muss, um überhaupt als „normal" wahrgenommen zu werden (und deshalb eben gerade nicht so wahrgenommen wird).

5.3.3 Christsein

Unterscheiden sich christliche von anderen Jugendlichen im Bereich der Sexualität? Dies war eine wesentliche Fragestellung, die diese Studie motivierte. Die Antwort ist mehrschichtig. Die Ergebnisse deuten an, dass Christen, auch die eher konservative Gruppe der Adventjugendlichen, mit den gleichen Vorerfahrungen in die Ehe gehen, wie andere Jugendliche auch. Daran ändern auch moralische Einwände und Vorbehalte nichts. Dennoch sind die Unterschiede von Bedeutung: Die sexuelle Erfahrungen setzen bei den Christen (insbesondere Adventjugendlichen) deutlich später ein und folgen – im Gegensatz zu den Erfahrungen anderer Jugendlicher – einem Muster allmählicher Steigerung (erst Küssen, dann Petting, dann Koitus).

Wenn die oben ausgeführte Vermutung richtig ist, dass frühe sexuelle Erfahrungen keinen positiven Einfluss auf die emotionale Entwicklung haben, dann sind Christen durch das längere Warten im Vorteil. Dieser wird aufgrund eines insgesamt konservativeren Gepräges nicht an der emotionalen Einstellung deutlich, in der Auffassung dieses Autors aber u.a. in der höheren Genussfähigkeit, die in der allmählichen Steigerung sexueller Aktivität vermutet wird.

Dennoch ist ohne jeden Zweifel eine Diskrepanz zwischen innerkirchlichen Erwartungen und der Realität festzustellen. Hier wird innerkirchlich zu fragen sein, wie dieser Diskrepanz begegnet werden kann! All zu schnelle Antworten – egal in welche Richtung – können dem komplexen Problem nicht gerecht werden. Dass die Gemeinschaft der Siebenten-Tags-Adventisten gerade als kleine, eher konservative Freikirche, sich Forschungsarbeiten wie dieser stellt, scheint ein erster ermutigender Schritt, dem weitere folgen müssen.

5.3.4 Konservatismus

Die verwendete Variable Konservatismus ist aus mehreren Gründen zunächst fragwürdig. Zum einen ist sie nicht definiert, zum anderen nicht in Bezug zu etwas gesetzt. Kompliziert wird der Sachverhalt ferner durch die Tatsache, dass viele Jugendliche den Begriff überhaupt nicht kannten und einordnen konnten. Um so erstaunlicher ist die Tatsache, dass diese Variable so eindeutige Ergebnisse brachte. Jugendliche, die sich selbst als konservativ bezeichnen, sind auch in Verhalten und Einstellung eher konservativ. Bei „liberaleren" Jugendlichen ist es erwartungsgemäß umgekehrt. Innerhalb der Adventjugend war dieser Trend insgesamt deutlicher abzulesen (wohl nicht zuletzt deshalb, weil dort der Begriff „konservativ" bekannter ist).

Für die gesellschaftliche und kirchliche Diskussion stellt sich die Frage, ob Konservatismus zur Reglementierung von Sexualverhalten und zurückhaltenderer Einstellung zur Sexualität gefördert werden sollte. Dies wäre beispielsweise eine alternative und durchaus vielversprechende Form der AIDS-Bekämpfung („Enthaltsamkeit statt Kondome" propagieren). Allerdings darf das „Vielversprechende" nicht über den möglichen Preis hinwegtäuschen, den ein solcher Strategiewechsel hätte!

In der Sicht dieses Autors findet die Auseinandersetzung mit den Befürwortern konservativer Ideale im Bereich der Sexualität auf einer falschen Ebene statt, wenn man sie als altmodisch, hinterwäldlerisch und moralistisch lächerlich und damit mundtot zu machen versucht. Statt dessen sollte gefragt werden, was „konservativ" tatsächlich bedeutet,[4] ob es einen differenzierten Konservatismus in

---

[4] Konservatismus scheint dem Persönlichkeitsfaktor „Offenheit" im Fünf-Faktoren Modell (für Literatur siehe BORKENAU und OSTENDORF, 1993) sehr nahe zu kommen, was eine Prägung in früher Kindheit und damit schwere Veränderbarkeit implizieren würde. Konservative Ideale zu fordern hieße dann, eine insgesamt eher eingeengte, wenig offene Persönlichkeit zum Wünschenswerten zu erklären.

Bezug auf bestimmte Gebiete geben kann und darf und wie Freiheit und Verantwortlichkeit in Einklang zu bringen sind. In einer solchen Diskussion darf „Freiheit" aber eben nicht einseitig ideologisch als Freiheit von religiösen oder kirchlichen Zwängen definiert sein, sondern muss auch gesellschaftliche und medienpolitische Zwänge (einschließlich tatsächlichem oder angeblichem *peer pressure)* berücksichtigen.

5.3.5 Regionale Unterschiede

Mit Ausnahme der Auffälligkeiten innerhalb der Adventjugend sind regionale Unterschiede zwischen Ost und West und zwischen Stadt und Land kaum festzustellen bzw. sind schwer interpretierbar. So sind die Ost-Berliner Jugendlichen von allen Gruppen mit Ausnahme der Adventjugend am konservativsten, doch gibt es keine einleuchtende Erklärung für dieses Phänomen. Da diese Daten überwiegend von einer Schule stammen, lassen sie sich schwer verallgemeinern und bleiben in der folgenden Diskussion unberücksichtigt, obwohl sie wegen ihrer Auffälligkeit weitere Erforschung nahe legen.

Die Brandenburger Jugendlichen erscheinen zwar koituserfahrener als die West-Berliner Jugendlichen, doch erreichen die Werte nicht das nötige Signifikanzniveau. Statt dessen weisen West-Berliner Jugendlichen ein hoch signifikant ausgeprägteres partnerunabhängiges Sexualverhalten auf. Die Ergebnisse von SCHMIDT, LANGE und GAENSLEN-JORDAN (1993) lassen sich damit nicht replizieren. Es wird vermutet, dass sich hier entweder bereits erste Angleichungsprozesse zwischen Ost und West zeigen oder die Unterschiede zwar regional, nicht aber primär gesellschaftspolitisch zu deuten sind.

Die Unterschiede bei der Gruppe „Adventjugend" machen deutlich, dass diese Jugendlichen einer stark prägenden Subkultur angehören. Man mag argumentieren, dass gerade solche (eher konservativen) Jugendlichen sich in der Adventjugend sammeln, so wie sich eher sportliche Jugendliche in einem Sportverein sammeln. Da die meisten dieser Jugendlichen seit frühester Kindheit in der Adventgemeinde aufgewachsen sind, ist die Vermutung sehr viel naheliegender, dass diese Jugendlichen tatsächlich zu einer konservativeren Einstellung und einem konservativeren Sexualverhalten erzogen wurden. Dass dies trotz vieler gesellschaftlicher Einflüsse möglich ist, ist bemerkenswert – ganz unabhängig von der Einschätzung einer solchen Pädagogik. Natürlich ist die Adventjugend auch gesellschaftlichen Strömungen unterworfen (die Ähnlichkeiten sind größer als die Unterschiede!). Dennoch dürfen die Ergebnisse Mut machen, dass pädagogische Zielsetzungen und Bemühungen durchaus sinnvoll sind.

5.3.5 Interaktionen und Bedeutung der Variablen

Eine Diskussion der Interaktionen erübrigt sich, da sie so gut wie nicht vorhanden sind. Dies macht die Forschungsergebnisse übersichtlicher und erlaubt eine geradlinigere Interpretation jeder Variablen. Allerdings sollte die Gewichtung der Variablen nicht unberücksichtigt bleiben.

Die Unterschiede in der kognitiven Einstellung zur Sexualität zwischen jüngeren und älteren Jugendlichen und zwischen männlichen und weiblichen Jugendlichen sind weitaus geringer als die Unterschiede zwischen konservativen und weniger konservativen, zwischen christlich orientierten oder nicht-christlichen orientierten Jugendlichen. Wertemaßstäbe werden also frühzeitig und unabhängig vom Geschlecht festgelegt sein. Die emotionale Einstellung zur Sexualität ist vor allem geschlechtsspezifisch. Weshalb eine kognitive „Gleichberechtigung" in der Erziehung gelingt, nicht aber eine emotionale, ist sicher an anderer Stelle zu diskutieren.

Das Sexualverhalten ist vor allem von Alter und Geschlecht abhängig. Die Bedeutung des dazwischenliegenden zweitwichtigsten Faktors, der Zugehörigkeit zur Adventjugend, ist für die Gesellschaft außerhalb der Adventjugend eher unbedeutend, obwohl er – wie oben diskutiert – das Potenzial einer Subkultur auf eindrucksvolle Weise demonstriert. Der vierte Faktor hingegen lässt aufhorchen. Sexualverhalten wird vor allem vom Konservatismus geprägt, nicht von politischer[5] oder religiöser[6] Einstellung . Hier erhält die Frage, was Menschen ausmacht, die sich als „konservativer" oder „weniger konservativ" beschreiben, eine erneute wesentliche Bedeutung. In der Sicht dieses Autors bedarf diese „Unbekannte" dringend weiterer Forschung.[7]

---

[5] Ost-West Unterschiede implizieren nach parteipolitischer Demoskopie auch Unterschiede in der politischen Einstellung der Jugendlichen.

[6] Hier reduziert auf das Item „Ich bin praktizierender Christ"

[7] Gerade im Hinblick auf den weltweit zunehmenden Fundamentalismus (in politischer und/oder religiöser Gestalt), der eine Zuspitzung „konservativer" Positionen zu sein scheint, ist diese Frage wichtig und dringlich.

5.4 Schlussbemerkungen

Neben den rein formalen Lernerfahrungen, die diese Studie mit sich brachte,[8] förderte sie einiges Nachdenkenswerte zutage. Aus der Sicht des Autors sind besonders folgende Punkte von Bedeutung:

Die Tendenz, gesellschaftlich aktuelle Themen wie sexuellen Missbrauch oder Homosexualität auch quantitativ hoch einzuschätzen, entbehrt der empirischen Grundlage. Die Relevanz der Themen ergibt sich auch nicht aus ihrer Prävalenz, sondern muss an inhaltlichen Gesichtspunkten festgemacht werden: bei sexuellem Missbrauch z.B. am persönlichen Leid Betroffener (das sich ohnehin nicht quantifizieren lässt), bei Homosexualität am Stichwort Toleranz.

Der schulischen Verantwortung einer ganzheitlichen, integrativen Aufklärung wird nur unzureichend nachgekommen, obwohl die Schüler hier deutlich Wünsche und Bedürfnisse signalisieren. Christen unterscheiden sich zwar von anderen Jugendlichen in ihrer Einstellung zur Sexualität und im Sexualverhalten, doch sind sie keineswegs „enthaltsamer", sondern nur „zeitverzögert" gegenüber anderen Jugendlichen, aber auch „steigerungsfähiger". Denken und Handeln sind dabei durchaus kongruent, aber eher nicht im Einklang mit kirchlichen Idealvorstellungen. Die Adventjugendlichen bilden damit zwar eine klare Subkultur, bleiben aber deutlich im kulturellen Rahmen der gegenwärtigen Gesellschaft.

Unterschiede zwischen Stadt und Land sowie „Ost" und „West" sind nur schwer und uneinheitlich nachzuweisen. Es bleibt weiterer Forschung vorbehalten zu erkennen, ob die überraschenden Ergebnisse zufällig waren (insbesondere die konservative Haltung in Ost-Berlin) oder sich tatsächlich ein Wandel vollzieht.

Die Variable „Konservatismus" hat eine größere Bedeutung, als ihr im allgemeinen zugesprochen wird und bedarf der weiteren Erforschung weit über das Thema „Sexualität" hinaus.

---

[8] So wurde der Aufwand der Studie sehr unterschätzt und gestaltete sich die Zusammenarbeit mit den verschiedenen Behörden und Schulen komplizierter als vermutet - aber im Nachhinein äußerst befriedigend.

6. Literatur

BOCHMANN, A. *Umfrage zum Thema Jugendsexualität. Eine Studie zur kognitiven und emotionalen Einstellung zur Sexualität und zum Sexualverhalten von Adventjugendlichen in Berlin und Brandenburg.* Gemeinschaft der Siebenten-Tags-Adventisten (unveröffentlichtes innerkirchliches Papier), Berlin, 1994.

BORKENAU, P. u. OSTENDORF, F. *NEO-Fünf-Faktoren Inventar (NEO FFI) nach Costa und McCrae.* Hogrefe Verlag für Psychologie, Göttingen, 1993.

DIETERICH, M. (Hg.) *Homosexualität und Seelsorge:Versuch einer Standortbestimmung.* Brockhaus Verlag, Wuppertal, 1997.

SCHMIDT, G., LANGE C. u. GAENLEN-JORDAN, Chr. West- und Ostdeutsche Jugendliche. (1) Eine westliche Sicht." In: SCHMIDT, G. (Hg.), *Jugendsexualität*, Enke Verlag, Stuttgart, 1993.

SCHMIDT, G. (Hg.). *Jugendsexualität: Sozialer Wandel, Gruppenunterschiede, Konfliktfelder.* Enke Verlag, Stuttgart, 1993.

Die sexuelle Zufriedenheit in freikirchlich orientierten Ehen

Ralf Näther

1. Einleitung

„Sexualität: Ein schwieriges Thema – überall. Bei aller Sexfreund-lichkeit unseres Gottes, der uns schließlich das Potential für die viel-fältigen Lustgefühle in die Wiege gelegt hat, gilt das besonders für die Kirche. Unter Christen ist Sex nach wie vor ein heikles Thema. ... Zuviel Offenheit kann sich keiner leisten. Und immer wenn es kon-kret wird, schweigen wir lieber ...“ (Eggers 2000, 3).

Dieses Zitat legt die Vermutung nahe, dass über die nachfolgend gestellten Fragen bisher weitgehend mit gespaltenen Gefühlen nach-gedacht wurde – wenn überhaupt: „Sind christliche Ehepaare allge-mein zufrieden und glücklich mit ihrer Sexualität? Ermöglicht die Religiosität der Christen eine höhere Genussfähigkeit und Zufrie-denheit oder ist die Spiritualität vielleicht sogar hinderlich? Von welchen Voraussetzungen und Faktoren ist sexuelle Zufriedenheit abhängig? Kann man eine sexuelle Zufriedenheit überhaupt bestim-men, quantifizierbar und somit vergleichbar machen, oder ist das unmöglich in Anbetracht der Einmaligkeit und Individualität eines jeden Ehepaares?“

In der vorliegenden Arbeit sollen diese Fragen auf ihre Berechti-gung untersucht werden. Dabei wird im ersten Teil der Schwerpunkt auf einer Literaturrecherche liegen. Im zweiten Teil soll der Versuch erbracht werden, durch Exploration die Aussagen der Literatur zu überprüfen. Anschließend werden Elemente der gewonnenen Ergeb-nisse aus beiden Teilen einander gegenübergestellt und diskutiert.

Die genannten Fragen scheinen besonders auch unter folgendem Blickwinkel interessant und berechtigt zu sein: Sowohl in persönli-chen Gesprächen als auch durch Meinungsäußerungen in Diskus-sionsforen der Literatur bin ich zu der Vermutung gelangt, dass sexuelle Probleme in christlichen Ehen keine Einzelerscheinungen sein können. Die Hemmung und „Peinlichkeit“, die in vielen Fällen von „Betroffenen“ mit ihren Wortmeldungen verbunden sind, lassen etwas von der Tabuisierung erkennen, mit der „Sexualität" in der (zumindest christlichen) Öffentlichkeit noch immer thematisiert wird. Dem entgegen steht die oft vertretene Meinung, dass Sexualität als Geschenk Gottes jedem nach christlichen Maßstäben lebenden Ehepaar in vollen Umfang Erfüllung und Zufriedenheit garantiert.

Daraus könnte man schlussfolgern: Wenn es schon nicht (oder nur schwer) möglich ist, Fakten und Tatsachen beim Namen zu nennen und darüber zu sprechen, wie will man dann Probleme lösen? Und sind unausgesprochene und ungeklärte Fragen nicht sogar Hindernisse auf dem Weg zu einer erfüllten und zufriedenen Sexualität?

Neben der Beantwortung der o. g. Fragen, ist es allgemein Ziel dieser Arbeit, eine weitere Enttabuisierung des Themas Sexualität zu erreichen, insbesondere unter dem Aspekt der „Normalität" von offenen Fragen und Problemen auch im Bereich der Sexualität. Vielleicht kann die vorliegende Arbeit Mut machen und Ansätze aufzeigen, das Thema Sexualität sachlich zu betrachten – wie auch andere Bereiche oder Problemfelder innerhalb einer Ehe – und es nicht unverhältnismäßig zu problematisieren. Somit wird vor allem für die sozialpädagogische Beratungstätigkeit die Relevanz an Aufklärung und Gesprächen bezüglich sexueller Fragen und Probleme deutlich.

Explizit soll darauf hingewiesen werden, dass eine Definition von „glücklicher und zufriedener Ehe" nicht ausschließlich durch sexuelle, also körperliche Faktoren erfolgen kann. Unumstritten gehören dazu eine Menge verschiedener anderer Komponenten (wie kognitive, soziale, ökonomische, ökologische etc.), auf die aber in dieser Arbeit nicht näher eingegangen werden kann. Im Mittelpunkt dieser Arbeit soll demzufolge nur ein Aspekt einer ehelichen Partnerschaft stehen. Gleichfalls ist es nicht möglich Korrelationen zwischen sexueller Zufriedenheit und anderen ehelichen Faktoren intensiver zu betrachten und zu diskutieren.

2. Abgrenzung und Begriffsdefinitionen

Das Thema Sexualität, im Besonderen die Betrachtung der sexuellen Zufriedenheit, lässt eine Vielzahl unterschiedlicher Perspektiven zu. Es kann jedoch nicht das Anliegen dieser Arbeit sein, eine vollständige Übersicht über die verschiedenen Sichtweisen zu geben. Deshalb sollen im Folgenden Aspekte und Themen nur kurz genannt werden, die in der vorliegenden Arbeit keine Beachtung finden bzw. nur am Rande erwähnt werden, aber für eine Abgrenzung nötig sind. Wie aus dem Arbeitstitel ersichtlich, soll ausschließlich das Sexualverhalten von Ehepaaren betrachtet und exploriert werden. Andere Modelle – und damit auch deren Probleme –, wie z. B. „eheähnliche Lebensgemeinschaften" u. ä. Formen, finden keine Beachtung. Daraus ergibt sich zudem die Konsequenz, dass es sich ausschließlich um „Heterosexualität" handelt, wenn im Folgenden von „Sexualität" gesprochen wird.

Weiterhin sollen Formen pathologisch sexueller Verhaltensabweichungen oder Funktionsstörungen, wie sie das ICD-10 und DSM-IV beschreiben, keine Beachtung finden (vgl. ICD-10 1997; 47-50 und DSM-IV 1996; 44-45, 559-603). Es wird von einem „normalen" Sexualverhalten von Paaren ausgegangen, in dessen Umfeld es jedoch zu Störungen kommen kann.

Da in der vorliegenden Arbeit ausschließlich das Sexualverhalten und die sexuelle Zufriedenheit von Ehepaaren im deutschsprachigem Raum betrachtet wird, soll dementsprechend auch die Auswahl der Literatur im Wesentlichen auf den deutschsprachigen Raum begrenzt werden – von einigen wenigen bedeutenden Veröffentlichungen abgesehen. Gleichzeitig werden die Studien über Sexualität – vor allem die in den USA gemachten – nur am Rande erwähnt werden. Sie sollen keine Vergleichsstudien zu der im zweiten Teil gemachten Untersuchung sein. Wenn Ergebnisse erwähnt werden, dann nur um einen ungefähren Anhaltspunkt zu geben, zumal es m. W. im deutschsprachigen Raum keine vergleichbaren Studien zum Sexualverhalten von Christen bis zum Zeitpunkt der im Rahmen dieser Arbeit gemachten Studie gab.

„Sexuelle Zufriedenheit"
Finden sich in einschlägigen Lexika umfassende Begriffsbestimmungen zum Terminus „Sexualität", gestaltet sich die Suche nach einer Definition von „sexuellen Zufriedenheit" weitaus schwieriger. Wird bei dem Versuch der Bestimmung von „Sexualität" nahezu von allen Autoren nicht nur der genitale Aspekt der Sexualität erwähnt, sondern auf die darüber hinaus im Zusammenhang stehenden Faktoren wie Empfindungen, Gefühle, körperliche Wahrnehmungen, Denken, Phantasie, Kommunikation, Integration etc. im Sinne eines ganzheit-

lichen Ansatzes der Sexualität hingewiesen, bleibt jedoch die konkrete Frage nach der „sexuellen Zufriedenheit" nach wie vor offen (vgl. KENTLER 1982, 254 f.; DORSCH 1987, 610; BORNEMANN 1990, 743 ff.; DIETERICH/DIETERICH 1996, 330 f.). GRAU und KUMPF untersuchten im Rahmen einer Studie die sexuelle Zufriedenheit mittels Bandbreite und Häufigkeit sexueller Praktiken. Nach Einschätzung der Autoren wurde damit aber nur ein Teilaspekt der sexuellen Zufriedenheit erfasst (1993, 83-93). (Siehe auch Gliederungspunkt 4.1.2.)

Ein Versuch das Konstrukt „sexuelle Zufriedenheit" genauer zu operationalisieren, findet sich bisher – nach meiner Kenntnis – nur in einer einzigen (z. T. unveröffentlichten) Studie von WEIG 1996 und 1998. Neben den realistischen Erwartungen an die eigenen Möglichkeiten und die des Partners als Voraussetzungen für langfristige sexuelle Zufriedenheit, nennt WEIG für die Bestimmung des Terminus u. a. folgende Merkmale: Häufigkeit, Tageszeit und Abwechslungsreichtum sexueller Aktivitäten; Häufigkeit und Zeitpunkt der Orgasmen; Erfahrung mit Selbstbefriedigung; Hingabe, Erregung und Gefühlen bei bzw. nach sexueller Aktivität sowie sexuelle Phantasien und Gedanken (vgl. auch Pkt. 4.1.2).

Fasst man den aktuellen Forschungs- und Wissensstand zusammen, kann man nur von einer unzureichenden Bestimmung des Begriffs „sexuelle Zufriedenheit" ausgehen. Damit stellt sich in der vorliegende Arbeit als Aufgabe der Versuch, das „hypothetische Konstrukt" der „sexuellen Zufriedenheit" weiter zu operationalisieren und zu kontrollieren, ob und inwieweit die Merkmalsbestimmungen in der Realität relevant sind.

„Freikirchlich orientiert"

Als „freikirchlich orientiert" werden in dieser Arbeit Christen bezeichnet, die entweder Mitglieder einer Freikirche sind oder sich den Glaubensmerkmalen einer Freikirche zugehörig sehen. Der Begriff „orientiert" wurde vor allem deshalb aufgenommen, weil eine Mitgliedschaft nicht unbedingtes Kriterium für ein tatsächliches Glaubensbekenntnis sein muss. Weiterhin wurde mit dieser Formulierung berücksichtigt, dass es schwierig sein kann, selbst anhand der konkreten Mitgliedschaft bei einer bestimmten Kirche oder Gemeinschaft eine korrekte Klassifizierung in Freikirche oder nicht Freikirche vorzunehmen. Außerdem erschien die Formulierung sinnvoll, weil damit sowohl die Literaturauswahl im ersten Teil als auch die Determination der zu untersuchenden Gruppe im zweiten Teil der Arbeit den tatsächlichen Erfordernissen besser entsprochen werden kann. Nachfolgend sollen die für das Glaubensverständnis und -bekenntnis einer Freikirche relevanten Merkmale dokumentiert werden.

Freikirchen verstehen sich als freier Zusammenschluss bewusster Christen, die sich bekehrt haben, in der Nachfolge Christi zu leben und sich dem Wirken des Geistes Gottes zu unterwerfen. Von den großen Kirchen unterscheiden sie sich bezüglich ihres Kirchen- und Gemeindeverständnisses sowie des Frömmigkeitsstiles. Obwohl es deutliche Unterschiede zwischen den einzelnen Freikirchen gibt, kennzeichnen gewisse Merkmale, mehr oder weniger, alle Freikirchen. Einige wichtige Merkmale, die zu einem besseren Verständnis im Kontext mit dieser Arbeit beitragen sollen, werden im Folgenden deklariert. Als erstes ist die Freiwilligkeit zu nennen, also die persönliche und bewusste Entscheidung für den Glauben an Jesus Christus als Retter und Heiland. Jede Form von „geistlichen Stand" wird abgelehnt, d. h. die Gemeinschaft der Gläubigen entscheidet in allen Belangen. Ein weiteres Kriterium ist in der Frömmigkeit und Gemeindezucht zu sehen. Die „Wiedergeburt" der Gläubigen schließt eine Heiligung des Lebens ein. Die Reinhaltung der Gemeinde wird durch die Anwendung von Gemeindezucht und als letzte Maßnahme durch Ausschluss aus der Gemeinde praktiziert.

In Deutschland haben sich 1926 Freikirchen und freikirchliche Gemeindeverbände in der „Vereinigung Evangel. Freikirchen" zusammengeschlossen. Dazu gehören als Mitglieder bzw. Gastmitglieder u. a folgende Konfessionen: Mennoniten, Baptisten, Methodisten, Heilsarmee, Bund Freikirchl. Pfingstgemeinden, Brüderunität und Adventisten (LEXIKON FÜR THEOLOGIE UND KIRCHE 1995, 115f.; EVANGELISCHES KIRCHENLEXIKON 1986, 1359-1362).

3. Der Umgang mit dem Thema Sexualität im christlichen Umfeld

Ist das Thema Sexualität in fast allen Bereichen unserer Lebenswelt in den verschiedensten Variationen gegenwärtig und darum nicht wegzudenken, wird es bei den unterschiedlichsten möglichen und unmöglichen Gelegenheiten ausgiebig diskutiert (vgl. SICHTERMANN 1998, 212-215), bleibt allerdings bei der Betrachtung und Beurteilung des Umgangs mit der Sexualität im christlichen Umfeld eine wesentliche Frage unbeantwortet: „Ist das Thema „Sexualität" für Christen (auch) heute noch ein Tabu?"

Zum einen lässt sich beobachten, dass auch in christlichen Kreisen ein relativ offener Umgang mit dem Thema Sexualität erfolgt, zum anderen hat es den Anschein, dass zumindest einige Fragen der Sexualität „ungern" angesprochen werden. Diese Spannung und Diskrepanz wird von EGGERS beschrieben und im Folgenden auszugsweise wiedergegeben:

„... Unter Christen ist Sex nach wie vor ein heikles Thema. ... Sind wir zu offen, werden wir kritisiert und bekommen den Vorwurf, 'ständig nur über Sex zu reden' ... Seit einiger Zeit höre ich, wir sollten ruhig mal wieder ein bißchen Holz aufs Feuer legen und etwas offener berichten. Aber das ist leicht gesagt und schwer getan. ... Was kann, darf, muss man sagen, was nicht? Und vor allem: Wer traut sich, es zu sagen? ... Denn zwischen Lesart darüber, was an Sexualität in der Partnerschaft okay ist und der jeweils privaten Praxis herrschen oft gewaltige Unterschiede – gerade bei Christen. ‚Wegen der Schwachheit anderer' ist man offiziell gegen etwas, was man sich selbst ohne weiteres erlaubt. ... zugleich erzeugt es eine große Grauzone, über die nicht (abstrafungsfrei ...) geredet wird. ... Das Problem bei diesem Thema ist die moralische Überhöhung und Empörung, die ausbricht, wenn einer mal etwas Umstrittenes oder gar Falsches sagt. Es gibt wenig Freiraum zur Diskussion, zum offenen Meinungsaustausch. Es wäre hilfreich, in Ruhe auf die Erfahrung und Haltung eines anderen zu hören, ohne ihn gleich zum verklemmten Moralapostel oder heimlichen Sexmonster zu stempeln. ..." *(Eggers 2000, 3).*

STRAUCH äußert sich zur Thematik folgendermaßen: „Sex ist ein Tabuthema – auch in Predigten. Da ist eine Sprachlosigkeit, die man gelernt hat" (1999, 29). Ähnlich formuliert BORKOWSKI die bestehende Diskrepanz: „,Junge Menschen werden auf dem Gebiet der Sexualität oft alleine gelassen.' Älteren Gemeindegliedern fehle vielfach die Ehrlichkeit, über ihre guten oder traurigen Erfahrungen zu sprechen. Sie gaukelten eine heile Welt vor: 'Fromme Sätze werden weit an der Wirklichkeit vorbeiformuliert.'" (1992, 23). Für JAKOB ist Sexualität gleichfalls ein viel zu wenig beachtetes Thema in den

Gemeinden (2000, 21). KERSCHER (Hg.) spricht davon, dass die christliche Sexualfeindschaft den Lebensmächten Religion und Sexualität unumstritten geschadet hat, *mit fatalen Folgen für den Menschen, die Gesellschaft, die Kirchen und das Christentum* (1977, 33).

Allerdings befinden sich besonders in aktuellen Veröffentlichungen oftmals Darstellungen und Bewertungen, die eine offene und objektive Sichtweise von Sexualität widerspiegeln. Ein Beispiel dafür sind JOYCE und CLIFFORD PENNER, die wie folgt ihre Sicht zur Sexualität und Religiosität beschreiben. Man sollte ganz unbefangen sehen, dass Sexualität ein Teil von Gottes Schöpfungsplan ist. Gott schuf den Menschen nach seinem Bild als Mann und Frau. Die Männlichkeit und Weiblichkeit ist demzufolge nicht etwas, das erst später hinzugefügt wurde oder vielleicht einen Bereich unserer sündigen Natur darstellt. Sexualität ist ein fester Bestandteil der ursprünglichen perfekten Erschaffung des Menschen. Daraus kann man schließen, dass man sich der Sexualität nicht schämen muss, sondern sich daran erfreuen kann (1996, 37). Ähnliche Ausführungen finden sich auch bei DIETERICH (1995, 53). Eine ausführlichere Darstellung von Aussagen zu einzelnen Aspekten des Themenkomplexes Sexualität soll im Gliederungspunkt 4.2 erfolgen.

4. Ein Definitionsversuch der sexuellen Zufriedenheit aus christlicher Sicht

4.1 Grundlagen für die Bestimmung der sexuellen Zufriedenheit

4.1.1 Veröffentlichte Literatur

Die Literaturrecherche kann in der vorliegenden Arbeit nicht den Anspruch auf Vollständigkeit erheben. Das erscheint weder möglich noch nötig. Es liegt jedoch bei der Auswahl der Versuch zu Grunde, die Relevanz der jeweiligen Literatur zu berücksichtigen. Das bedeutet: Welche Autoren und Veröffentlichungen erfahren insbesondere in freikirchlichen Familien und Ehen eine hohe Akzeptanz und einen relevanten Verbreitungsgrad?

4.1.2 Unveröffentlichte Literatur und Studien

Neben der o. g. veröffentlichten Literatur, sollen auch unveröffentlichte Studien in dieser Arbeit Berücksichtigung finden, weil sie mir unter verschiedenen Gesichtspunkten relevant für die vorliegende

Diskussion erscheinen. Zudem waren mir bis zum gegenwärtigen Zeitpunkt keine weiteren vergleichbaren und veröffentlichte Studien bekannt.

Die Umfrage unter adventistischen Familien (TREECK, 1995)

Wenn diese Umfrage auch nicht als „Vergleichsstudie" für die vorliegende Arbeit geeignet ist, bietet sie dennoch eine Anzahl wichtiger Anhaltspunkte. Die genannte Studie ist eine Replikationsstudie der von Bryan Craig 1994 im Auftrag der South Pacific Division der Gemeinschaft der Siebenten-Tags- Adventisten durchgeführten Untersuchung. In Deutschland wurde die Umfrage in den Vereinigungen Hansa, Niedersachsen-Nord und Nordrhein-Westfalen der Gemeinschaft der STA überwiegend bei Familien oder Alleinerziehenden mit minderjährigen Kindern durchgeführt. Insgesamt wurden 462 Fragebögen zurückgesandt, was einer Rücklaufquote von 42% entspricht. Inhaltliche Interessengebiete der Studie waren Eheliche Zufriedenheit, Einstellungen und Haltungen zu Erziehungsfragen, Religiöse Orientierung und ihr Einfluss auf Beziehungen in Familie und Partnerschaft, Lebenskrisen sowie die Einstellung zu verschiedenen ethischen und sexualethischen Themen bezüglich des Gemeindelebens (TREECK 1995, 5-7).

Das Programm zur Verbesserung der sexuellen Zufriedenheit (WEIG 1996 und 1998).

Wenn die Ergebnisse dieses Kursprogramms auch nicht unmittelbar in die vorliegende Arbeit einfließen, so soll die Studie an dieser Stelle jedoch zumindest erwähnt werden, weil sie (vermutlich) die erste und einzige Studie ist, die auf diesem Gebiet erstellt und teilweise veröffentlicht worden ist.

Das Programm zur Verbesserung der sexuellen Zufriedenheit wurde von 1990-1998 durchgeführt. Die Ergebnisse von zwei Kursen im Jahre 1994 und 1996 wurden von WEIG 1996 veröffentlicht. Da die Zahl der Teilnehmer jedoch nur bei 17 bzw. 13 lag, nicht nur Ehepaare sondern auch Alleinstehende am Programm teilnahmen und zudem keine ausreichenden Informationen zum Kursinhalt selbst vorliegen, erfüllt diese Studie nicht die Kriterien, die einen Eingang in die vorliegende Untersuchung oder einen Vergleich mit dieser sinnvoll erscheinen lassen.

Bewertungskriterien des Programms waren: Globale Einschätzung der Bedeutung von Sexualität, sexuelle Zufriedenheit, Wissen über Sexualität und Einstellung zur Sexualität.

Die erwähnte Arbeit von GRAU und KUMPF fand im Rahmen einer Falsifizierungsstudie für die Dreikomponententheorie der Liebe nach STERNBERG statt. Ziel und Testgruppe dieser Studie sind ebenfalls nicht adäquat mit der vorliegenden Arbeit (GRAU/KUMPF 1993, 83-93). Aus diesem Grund finden die Ergebnisse hiermit ebenso keine Berücksichtigung.

4.2 Die Bedeutung von Einflussfaktoren auf die Sexualität und sexuelle Zufriedenheit

Im Folgenden soll untersucht werden, welche Relevanz bestimmter sexualethischer Aussagen in der christlichen Literatur auf die Sexualität im Allgemeinen und der sexuellen Zufriedenheit im Speziellen beigemessen wird. Leider können im Rahmen dieser Arbeit die nachfolgend getroffenen Aussagen nicht umfassend auf ihre Richtigkeit unter wissenschaftlichen Gesichtspunkten geprüft werden.

Eine systematische Auswertung z.B. unter medizinisch-psychologischen Aspekten ist damit nicht möglich. Ebenfalls können keine umfassenden und weiterführenden moralischen Bewertungen der getroffenen Aussagen erfolgen. Im Wesentlichen soll an dieser Stelle eine Beschreibung des „Ist-Zustandes" genügen. Gelegentlich wird jedoch auf bedeutende Diskrepanzen sowie die Möglichkeit der Umfokussierung bestimmter Sichtweisen hingewiesen. Weiterhin kann im Rahmen dieser Arbeit nicht wissenschaftlich untersucht werden, welche Wirkung bestimmte Aussagen aus der Literatur in psychologischer Hinsicht auf deren Leser haben könnten, auch wenn dies interessant wäre.

4.2.1 Erziehung, Aufklärung und Information

TIM und BEVERLY LAHAYE nennen die Erfahrungen von Millionen Ehepaaren mit Liebeserlebnissen *zweiter Klasse* die Folge von Unkenntnis und nichts lernen wollen bezüglich sexueller Vorgänge und der Geschlechtsorgane. Viele, die wegen sexueller Probleme eine Beratung aufsuchten, haben nie ein Buch zu diesem Thema gelesen oder eine andere entsprechende Beratung erfahren. Ein anderes abzulehnendes Extrem nennen die Autoren die Praxis, Kinder vom Kindergarten bis zur letzten Schulklasse mit Überdosen sexueller

Aufklärung zu überschütten. Die staatlichen Schulen erweisen sich dafür als inkompetent, weil sie von den irrigen Annahmen ausgehen, dass erstens sexuelle Aufklärung auch ohne moralische Absicherung möglich ist und zweitens, dass Aufklärung automatisch sexuelles Glück zur Folge hat. Für die Autoren sind die beiden dargestellten extremen Standpunkte die Ursache für Unglück und Unzufriedenheit. Als bessere Alternative wird empfohlen, sich kurz vor der Hochzeit ausführlich mit dem zu beschäftigen, was man über Sexualität lernen kann und wissen muss. Da Gott Adam und Eva kein Handbuch über Sexualität mitgab, lernten sie aus der Praxis. Das gleiche Prinzip ist auch heute noch auf den modernen Menschen übertragbar. Einige Bücher zur Sexualität zwei bis drei Wochen vor der Hochzeit durchzuarbeiten, mit dem Hausarzt offen reden und sich von einem Seelsorger beraten zu lassen, werden als allgemeine gute Vorbereitung genannt. Außerdem kann ein aufrichtiges Gespräch mit dem gleichgeschlechtlichen Elternteil eine Hilfe sein (1999, 51-66).

Zu hinterfragen ist dabei auch die Aussage, dass das oben zitierte Buch als Hilfe für ein Paar auf der Hochzeitsreise geschrieben worden sei, aber die im Buch genannten notwendigen Informationen zur Sexualaufklärung damit relativ spät vom betroffenen Paar verarbeitet werden können (vgl. TIM und BEVERLY LAHAYE 1999, 69).

DOBSON vertritt die Meinung, dass eine gemeinsame Aufklärung von Mädchen und Jungen im Sexualkundeunterricht auf Grund des natürlichen Schamgefühls abzulehnen ist (DOBSON 1998, 204). Ähnlich formuliert auch HUNTEMANN seine Forderungen. Er akzeptiert zwar eine Aufklärung nach der biologischen Reproduktion des Menschen für Kinder, aber die Frage nach der Geschlechtlichkeit kann z. B. nicht in der Schule geklärt werden weil es eine wertfreie Aufklärung nicht gibt und demzufolge nur die Eltern die Verantwortung dafür übernehmen können. Eine sachliche Aufklärung in dem Sinne gibt es nicht, weil Sexualität eben nicht als Sache bezeichnet werden kann. Sachlich über Sexualität zu sprechen ist auch deshalb nicht möglich, weil das bedeutete, *schamlos* über Sexualität zu reden. Durch Scham aber wird gezeigt, welche Bedeutung und Ehrfurcht Erwachsene der Sexualität beimessen. Jugendliche sollen spüren, wie sich Erwachsene schämen, wenn sie über das Thema reden (1971, 43-45).

MAZAT befürwortet eine dem Alter entsprechende Aufklärung schon vor dem Schulbeginn. So sollten die Kinder bereits zu diesem Zeitpunkt die richtigen Namen der Geschlechtsteile erfahren. MAZAT verweist darauf, dass es vielen Eltern außerordentlich schwer fällt, ihren Kindern z. B. die Frage nach der Befruchtung der Eizelle zu beantworten. Erst durch die Erfahrung, dass die Welt deswegen nicht untergegangen ist *(was viele zu befürchten scheinen, wenn es darum geht, offen über Sexualität zu sprechen)*, werden die Hemmungen schwinden. Heranwachsenden könnten Verunsicherung, Ängste und Sorgen erspart bleiben, wenn die Eltern bereit wären mit ihnen sachlich und vorurteilsfrei über Gefühle und das Verständnis von Sexualität zu sprechen. MAZAT erwähnt außerdem, dass manche Eltern der Meinung sind, je weniger über sexuelle Dinge gesprochen werde desto besser sei es. Dadurch könnten sie länger ihre Kinder in *„Reinheit und Unschuld"* bewahren. Die Autorin spricht davon, dass diese Ehepaare in der Sexualität etwas Schmutziges sehen. MAZAT erwähnt, dass zwar viele Eltern die Meinung vertreten, Sexualerziehung sollte in der Familie und nicht in der Schule stattfinden, aber sie verweist auf die Tatsache, dass leider in vielen Familien eine Aufklärung nicht erfolgt. Aus diesem Grund sei es besser, wenn die Kinder in der Schule wenigstens eine biologische Aufklärung erhalten. Als ideal beschreibt MAZAT eine liebe- und verständnisvolle Information zu Hause (1984, 123-128).

BORKOWSKI äußert sich kritisch über das Verhalten gerade älterer Gemeindeglieder, denen die Ehrlichkeit fehle, über gute und traurige Erfahrungen in ihrer Sexualität zu sprechen. Damit werden junge Menschen auf diesem Gebiet allein gelassen. Folglich beziehen die Jugendlichen ihre Informationen über Sexualität vielfach nicht aus der Bibel, sondern aus säkularen Medien, wie Pornofilmen im Fernsehen. Aus diesem Grund müsste in den Gemeinden eine Sexualpädagogik vermittelt werden, die schon bei Kleinkindern beginnt (BORKOWSKI 1992, 23).

Analog dazu schreiben auch VOLKARD und GERLINDE SCHEUNEMANN (1998, 21). WHITE vergleicht die Bedeutung einer guten Ehevorbereitung mit der einer soliden Berufsausbildung (1979, 188). Für TREECK besitzen Ehevorbereitungskurse eine große Bedeutung. Er begründet das u. a. mit verschiedenen Ergebnissen von Studien, die belegen, dass Paare am Besten vor der Ehe lernen. Positive Gefühle und der Wunsch nach einer erfüllten und zufriedenen Ehe

bilden dafür günstige Voraussetzungen. Die Scheidungswahrschein-
lichkeit im Vergleich zu Paaren, die nicht an entsprechenden Programmen teilnehmen, wird dadurch deutlich herabgesetzt (TREECK
1998, 4-6).

Über eine steigende Nachfrage und Bedeutung an Programmen
zur Ehevorbereitung für Verliebte und Verlobte sowie Programmen
für Ehepaare (z. B. Preapare/Enrich), schreibt auch BOCHMANN
1993 (21-26). HART bezeichnet das Thema Sexualität als eines der
größten Herausforderungen in den nächsten Jahrzehnten für die
christlichen Gemeinden (1997, 103).

Zusammenfassend lässt sich u. a. auch nicht die Frage zufrieden-
stellend beantworten, inwieweit christliche Literatur zur sexuellen
Aufklärung und Information den heutigen Erfordernissen gerecht
wird. Christliche Autoren bemühen sich zwar um sachliche Information, aber der Verdacht, dass mit den vorhandenen Veröffentlichungen nur ein Teil des tatsächlichen Informationsbedarfes abgedeckt
wird, lässt sich im Hinblick auf säkulare Literatur nicht entkräftigen.
(Vergleiche dazu KNIGHT 1981a,b ; RUTHE 1968; WHEAT 1999;
LaHAYE 1999 vs. HAEBERLE 1985; ZILBERGELD 1994; SCHNABL
1972 und 1981; CHRISTMANN [Hg.] 1988; MASTERS, JOHNSON
1981; MASTERS, JOHNSON, KOLODNY 1996; SCHMIDT [Hg.] 1998;
SCHMIDT, STRAUß [Hg.] 1998; PLIES [u. a.] 1999 und JOANNIDES
[Hg.] 1998.)

Im Gegenteil, es hat den Anschein, dass Medien (insbesondere Le-
serforen in der Literatur), die sich ohne Scheu dem Thema Sexualität
stellen – auch „heiklen" und „unangenehmen" Fragen –, eine ständig zunehmende Akzeptanz finden. In diesem Zusammenhang lässt
sich auch die Annahme und der Bedarf an Zeitschriften wie BRA-
VO, Sugar, Sixteen oder sogar Zeitungen wie der Bild erklären.

Veröffentlichungen der Aktion „Wahre Liebe wartet" von
MÜLLER & TEAM (2000) z. B. neigen eher dazu, moralische Erwar-
tungshaltungen aufzubauen, mit denen Jugendliche aber oft ohne
ausreichende konkrete Hilfestellungen allein auf sich selbst gestellt
bleiben. Man kann vermutlich z. T. von äußerst unrealistischen oder
sogar „weltfremden" Vorstellungen sprechen, die bestimmte Verhal-
tensmuster von Jugendlichen gegenüber dem anderen Geschlecht
empfehlen – oder besser „fordern" (vgl. BÜHNE 1997, 42-50).

Relativ offen und unkompliziert und somit für Jugendliche an-
sprechender schreibt DAVIS über die verschiedenen Bereiche der Se-

xualität (1999, 108-126). Auf einen enormen Bedarf an Information über Sexualität und Sexualethik weist WITTSCHIEBE (1974) hin. In seinem Buch „God invented Sex" veröffentlichte er Fragen von Teilnehmern auf Kirchentreffen oder von Studenten und seine Antworten. Das Spektrum der Themen umfasst dabei Fragen zu Aufklärung, Frustrationen, Sexualtechniken, Orgasmusproblemen, Selbstbefriedigung, Hilfeangebote bezüglich sexueller Probleme und andere.

4.2.2 Die Einstellung zur Sexualität

TIM und BEVERLY LAHAYE berichten aus ihrer langjährigen Eheberatung, dass sie immer wieder mit Ehepaaren arbeiteten, die der irrigen Meinung waren, der eheliche Liebesakt sei etwas Falsches und Schmutziges. Diese Ansicht resultiert vermutlich aus dem Verhalten vieler christlicher Persönlichkeiten, die es in der Vergangenheit überwiegend ablehnten, offen über Sexualität zu sprechen. Ebenfalls verweisen sie auf die verbreitete irrtümliche Meinung, dass Sexualität nur *zur Erhaltung der menschlichen Art* Berechtigung finden sollte. Dem gegenüber stehen die biblischen Aussagen, dass der eheliche Liebesakt von Gott – neben dem Aspekt der Fortpflanzung – gleichfalls zur beiderseitigen Freude bestimmt ist. Die Autoren beschreiben die sexuelle Begegnung als das außerordentlichste und schönste Erlebnis, das man haben kann. Für Mann und Frau gibt es kein anderes Erlebnis, das mit dem ehelichen Liebesakt vergleichbar wäre (1999; 13-16, 49 f.).

Für CHRISTENSON ist es kein Problem, dass Christen Sexualität als etwas „Wunderbares", als „Akt der völligen Selbsthingabe", „als Ausdruck der Liebe, die den ganzen Menschen umfasst" und ähnlichen Formulierungen zu bezeichnen. Und er bemängelt, dass sich Christen schwer tun, offen zu sagen, dass z. B. Sex „Spaß macht" (1975, 24 f.)

Für TIM und BEVERLY LAHAYE ist der *eheliche Liebesakt ein heiliges Geschehen* (1999; 14, 52, 247). Zu hinterfragen wäre, ob diese Bezeichnung nicht zu einer überdimensionalen Bewertung des sexuellen Erlebens führt und damit zu einer anderen extremen und ebenfalls ungünstigen Bewertung der Sexualität, wie der von LAHAYE o. g. „falsche und schmutzige Liebesakt".

Ob mit folgender Aussage ebenfalls – wenn auch aus guter Absicht – unrealistische und „falsche" Erwartungen und Ansprüche geweckt werden, wenn die Autoren schreiben: *„Wir sehen tatsäch-*

lich keinen Grund, warum ein Paar nicht vor oder nach einem Lie-
besakt beten kann", könnte ebenso hinterfragt werden (vgl. LAHAYE
1999, 18).

Ähnlich äußern sich hierzu auch JOYCE und CLIFFFORD PENNER,
die ebenfalls befürworten, „Gott in das Schlafzimmer einzuladen"
und sich die Gegenwart Gottes bei aller sexuellen Aktivität bewusst
zu machen und somit Gott nicht mehr von der Sexualität auszuschließen. Gott soll nicht mehr als strafender Vater betrachtet werden, sondern es soll erreicht werden, die Trennung von Gott und
Sexualität zu überwinden und damit zu einer sexuellen Genussfähigkeit zu gelangen (vgl. 1996, 267-270).

ED und GAYE WHEAT berichten von christlichen Patienten, die in
ihre Praxis kommen und nach medizinischen Lösungen für ihre speziellen Eheprobleme suchen. Dabei sind die Hilfe-Angebote auf diesem Gebiet nur begrenzt möglich. Existentieller bezeichnen die Autoren die theoretischen Grundlagen über biblische Wahrheiten, die
eine gesunde Einstellung und Entwicklung zur Sexualität erst ermöglichen. Negative Grundeinstellungen im Bereich der Sexualität
sind schon oft Ursache für die Zerstörung von Beziehungen gewesen.
So wird z. B. ein Mann erwähnt, der es nicht ertragen konnte, wenn
Gott und Sexualität in einem Gespräch erwähnt wurden. Sexualität
und christliches Leben waren für ihn zwei völlig voneinander ge-
trennte Dinge. Geschlechtsverkehr war etwas extrem Unheiliges, und
deshalb mit tiefen Schuldgefühlen verbunden. Das falsche Verständnis von Gottes Sicht der Sexualität erlaubte keine zärtliche und zufriedene sexuelle Kontakte zwischen ihm und seiner Frau. So ähnlich
geht es vielen Paaren, die eine falsche Einstellung zur Sexualität haben und sich schwer tun, ihre Intimität ohne Vorbehalte zu genießen
(1999, 11 f.).

Für LAHAYE besteht die Bedeutung der Sexualität auch darin,
dass Paare mit wenig gemeinsamen Interessen diese Defizite durch
ein gutes Sexualleben kompensieren können. Ein dynamisches Liebesleben fördere und bereichere jede Beziehung (1992, 243 f.).

Noch höher bewertet WHEAT die Auswirkungen der Sexualität eines Paares. Für ihn kann ein sexuelles Problem die gesamte Ehe so
beeinflussen, dass es zu einer Kettenreaktion von negativen Gefühlen
kommen kann. Aus diesem Grund sollte der Sexualität von beiden
Partnern die entsprechende Beachtung ihrer Beziehung eingeräumt
werden. Gleichzeitig empfiehlt er aber auch, die Sexualität insgesamt

nicht zu ernst zu nehmen, um nicht zu verkrampfen. Es sollte eine lockere, kameradschaftliche Atmosphäre im Schlafzimmer bestehen, in der auch Lachen erlaubt ist. Sexualität sollte eine von Gott gewollte Erholung für beide Partner sein und Spaß bereiten (1983, 80-87).

SCHNEIDER verweist auf den physiologischen Zusammenhang zwischen Sexualität und Religion. Die Regionen für Religion und Sexualität sind im Gehirn nächste Nachbarn, so dass sich beide gegenseitig leicht bedingen (Hg. 1983, 331).

4.2.3 Sexualität in der Ehe

Unterschiedliche Erwartungen, Kommunikation, Entwicklungsprozesse und der Umgang mit sexuellen Problemen
Für JOYCE und CLIFFORD PENNER ist es normal, wenn bei den jeweiligen Partnern verschiedene sexuelle Bedürfnisse bestehen. Diese Unterschiedlichkeit kann sich schon kurz nach der Hochzeit oder aber nach einem gewissen Zeitraum bemerkbar machen. Differenzen bezüglich sexueller Bedürfnisse werden von den Autoren ebenso als natürlich bezeichnet, wie unterschiedliche Wünsche und Vorstellungen auf anderen Gebieten (Hobbys, Ernährungsbedürfnissen etc.) auch. Paare mit unterschiedlichen sexuellen Bedürfnissen müssen Wege finden sich einander anzupassen, um Beeinträchtigungen ihrer Beziehung zu minimieren. Als ersten notwendigen Schritt nennen die Autoren das Miteinander-Reden. Nur wenn das Problem klar definiert ist, können Wege für eine Lösung gefunden werden. Wichtig hierbei ist, dass der jeweilige Partner seine Gefühle deutlich definiert und formuliert und nicht den Partner kritisiert. In einem offenen Gespräch gilt es nun Veränderungsmöglichkeiten im eigenen Lebensstil zu erkennen und gemeinsam umzusetzen. Die Bedürfnisse des anderen zu erfüllen ohne ihm gleichzeitig Forderungen zu stellen sollte zum Grundprinzip erhoben werden. Dabei ist es z. B. möglich, als Alternative zum Geschlechtsverkehr durch Kuscheln, Berührung oder manuelle Stimulation die sexuellen Bedürfnisse des Partners zu befriedigen (1996, 233 f., 366-371).

Analog schreiben MORTON und BARBARA KELSEY über die Notwendigkeit beider Partner, über ihre Wünsche, Erwartungen aber auch das „Nicht-Gefallen" von sexuellen Aktivitäten offen miteinander zu reden (1994, 185 f.). Vergleiche auch FRYLING und BEHNKE (1993, 83-86).

JOYCE und CLIFFORD PENNER verweisen an anderer Stelle darauf, dass eine Sichtung des zur Verfügung stehenden Materials ergab – sowohl christliche als auch säkulare Literatur geben auf unterschiedliche sexuelle Probleme *fast ausschließlich schablonenartige und relativ vereinfachende Antworten.* Etwa in diesem Sinne: Wenn der Leser die eine vorgeschlagene Praktik oder Hilfestellung annimmt, so wäre alles in Ordnung (PENNER 1996, 20). Ähnlich äußert sich auch KNORRE zu diesem Sachverhalt (vgl. KNORRE 1992, 54 f.)

TIM und BEVERLY LAHAYE antworten auf die Frage: „Wie lerne ich, mit meinem Mann offener über sexuelle Dinge zu reden?" wie folgt: Obwohl Sexualität das aufregendste Thema der Welt ist, sprechen die meisten Menschen nur verlegen darüber. Ehepaare sollten von Anfang an damit beginnen, in den Flitterwochen oder kurz danach. Je länger man wartet darüber zu sprechen, um so schwieriger wird es. Für Paare die schon längere Zeit verheiratet sind, schlagen sie die folgenden Schritte vor:

- Um Gottes Führung und Leitung bitten.
- Eine geeignete Zeit finden, ohne Eile und Störung.
- Dem Partner völlige Liebe versichern. Anschließend freundlich über die eigentlichen Gefühle sprechen, auf Defizite im Liebesleben hinweisen und den Wunsch äußern, gern darüber zu reden.
- Den schwierigsten Schritt tun und sich eingestehen, dass beide Partner ein Problem haben. Wenn man schwer über Sexualität reden kann, fällt es vermutlich auch schwer über andere Dinge zu reden.
- Den Partner dazu bewegen, dass er das vorliegende Buch liest und anschließend darüber gesprochen werden kann.
- Eine Lösung erwarten. Mit der Hilfe Gottes kann das Problem überwunden werden.
- Wenn die Probleme nicht geklärt werden können, sollte ein Seelsorger besucht werden (1999, 245 f.).

Für NAUJOKAT kann die Liebe eines Paares noch so groß sein, irgendwann kommt der Zeitpunkt, an dem beide erkennen, dass ihre Erwartungen hinsichtlich ihrer Sexualität völlig unterschiedlich sind. Während der eine Partner Sexualität möglichst unverfälscht und sinnlich erleben will, wünscht der andere mehr Zärtlichkeit und Sanftheit. Ein Partner beschränkt die Sexualität auf wenige leidenschaftliche Augenblicke, beim anderen beginnt das Liebesspiel schon Stunden vorher. Unterschiede gibt es auch bezüglich der Häufigkeit und der Dauer sexueller Begegnungen. Während der eine möglichst oft und kürzer intimen Verkehr wünscht, mag es andere lieber seltener und dafür länger. Insgesamt kann man sagen, dass die Erwartungen unterschiedlich und nahezu unvereinbar sind. In der ersten Zeit der Beziehung konnten diese Unterschiede besser ausgeglichen werden. Die Leidenschaft und das Verliebtsein waren so groß, dass die Ungleichheiten übersehen und überspielt werden konnten. Nach der anfänglichen Begeisterung kommt es bei vielen Paaren im Alltag zur Ernüchterung. Dazu kommt das Empfinden, der andere könne die eigenen Erwartungen nicht erfüllen. Je mehr der eine erwartet, um so mehr zieht sich der andere vielleicht zurück. Somit klaffen Erwartung und Erfüllung noch stärker auseinander, was auch die Enttäuschung verstärkt. Die Probleme, vor denen beide Partner stehen, bezeichnet NAUJOKAT als „haushoch". Zur Lösung werden im wesentlichen folgende Möglichkeiten genannt: Man kann den Partner in Ruhe lassen und warten bis er selbst wieder Verlangen zeigt. Weiterhin kann man den Partner stimulieren und reizen, z. B. in Form von kleinen fantasiereichen Spielen. Außerdem besteht die Möglichkeit, sich gemeinsam als Paar jemanden anzuvertrauen, der auf diesem Gebiet Erfahrungen besitzt. Als weiteren wichtigen Aspekt bezeichnet NAUJOKAT eine gute Kommunikation, in der auf Vertrauensbasis alles miteinander besprochen werden kann. Als übergreifendes Element muss bei aller Arbeit an der gemeinsamen Beziehung die Liebe stehen (NAUJOKAT 1996a, 26-32).

Die Bedeutung von Zärtlichkeit innerhalb einer Partnerschaft hebt u. a. CHAPMAN deutlich hervor. Zärtlichkeiten können ganz unterschiedlich ausgedrückt werden. Sie sind fast am gesamten Körper zu empfinden. Dabei ist es wichtig, dass sich die Ehepartner auch in dieser Hinsicht offen darüber austauschen, welche Berührungen, wann und wo am tiefsten und beglückendsten erlebt werden. Der Austausch von Zärtlichkeiten ist wichtig, sowohl als Geste *im Vorübergehen* als auch zur Einstimmung im Sinne eines sexuellen Vorspiels (1998, 85-89). Über das Bedürfnis nach Zärtlichkeit äußert sich auch HAUER (vgl. 1981; 16 f., 38).

ED und GAYE WHEAT sprechen hingegen von Enttäuschungen schon zu Beginn einer Ehe, wenn statt der erwarteten Freude, Schwierigkeiten in der sexuellen Beziehung auftreten. Im Prinzip muss vermutlich jedes Ehepaar von Anfang an die Erfahrung machen, dass die Erwartungen von Mann und Frau sehr weit auseinandergehen, was den Weg zum sexuellen Höhepunkt angeht. Neigt der Mann dazu, diesen so schnell wie möglich zu erreichen, möchte die Frau allgemein mehr Zeit dafür haben. Für die Autoren sind die genannten Probleme gar nicht so schwer zu lösen wie es oft scheint. Voraussetzung für eine Lösung ist allerdings, dass die Unterschiede bezüglich mangelnder Übereinstimmung nicht übersehen und beiseite geschoben werden oder man sich mit der Situation als Normalzustand abfindet. Mittels einfacher körperlicher Übungen können beide Partner lernen, ihre körperlichen Vorgänge bewusst zu verlangsamen oder zu beschleunigen. Damit werden wichtige Fähigkeiten entwickelt, die es den Partnern ermöglichen, ihre Abhängigkeit voneinander zu erkennen und zu berücksichtigen. Im Wesentlichen nennen und beschreiben die Autoren Übungen für eine dauerhafte kontrollierte Ejakulation sowie Übungen zur Stärkung der Beckenbodenmuskulatur der Frau (ED und GAYE WHEAT 1999, 111-138). Vergleiche auch NAUJOKAT (1996b, 58-64).

An anderer Stelle schreiben ED und GAYE WHEAT, dass die meisten Probleme in der Sexualität schon zu Beginn der Ehe ausgeschlossen werden können, wenn man die große Verantwortung für die sexuelle Erfüllung seines Partners erkennt. Prinzipiell kann in jeder Partnerschaft sexuelle Befriedigung erreicht werden, wenn man sich gründlich informiert, gut beraten wird und eine gewisse Übung in der richtigen Technik hat. In diesem Zusammenhang raten die Autoren auch dazu, bei anhaltenden sexuellen Problemen eine Eheberatung in Anspruch zu nehmen (1999, 28). Ähnlich äußern sich auch zu o. g. Thematik LAHAYE (1992, 221-224), AGUILAR und GALBES (1996a, 291 ff.), DOBSON (1998, 431 ff.; 1991, 325-331), NAUJOKAT (1999, 14-16) und RUTH HEIL (1997, 38-40).

TIM LAHAYE fasst die Unterschiede zwischen Mann und Frau wie folgt zusammen: *„Die Funktionen von Mann und Frau sind eben nicht gleichartig. Sie denken und fühlen verschieden, und zwar aus dem einfachen Grund, weil sie verschieden SIND! ... Wenn dieser Unterschied zwischen den Geschlechtern nicht in Betracht gezogen wird, verkompliziert sich der Anpassungsprozeß"* (1992, 89).

JAKOB berichtet von einem Paar, welches zu Beginn seiner Ehe das Gefühl hatte, Sexualität sei etwas Schmutziges. Demzufolge herrschten Verklemmtheit und Verkrampfung in der Ehe vor. Erst durch Gespräche mit einem befreundeten Ehepaar kam das betroffene Paar zu einer völlig neuen Einstellung gegenüber Sexualität und erlebte in diesem Bereich einen Wachstumsprozess (JAKOB 1997, 23).

Für SCHALL besteht eine Notwendigkeit darin, Eheberatungen (auch) in den Kirchengemeinden anzubieten. Ehepaaren mit Problemen in unterschiedlichen Lebensbereichen, u.a. auch in dem der Sexualität, sollte die Möglichkeit der Beratung zu eigenen Problem- und Konfliktlösungen angeboten werden (1983, 146-155). SCHERLIES weist darauf hin, dass es auch in christlichen Gemeinden Menschen gibt, die an ethischer Desorientierung, sexuellen Fehlprägungen und Zwängen leiden. Da die Betroffenen aber selten wagen, sich in ihren Gemeinden zu offenbaren und dort Hilfe zu suchen – zumal oft der fromme Leistungsdruck zusätzlich belastet: *„Was nicht sein darf, kann nicht sein!"* – ist es um so wichtiger, diesen Personen Angebote von Selbsthilfegruppen für sexuelle Konflikte zu ermöglichen. SCHERLIES betont ausdrücklich die Notwendigkeit der Gründungen von gemeindeübergreifenden Selbsthilfegruppen, die als Ergänzung zur Einzelseelsorge dienen sollen (1998, 20 f.).

Sexualtechniken, Fantasien, sexuelle Frequenz und Selbstbefriedigung
TIM und BEVERLY LAHAYE sind der Überzeugung, dass Christen, die vom Heiligen Geist erfüllt sind, nicht sexbesessen sind, ihr Denken auch nicht mit abartigen Vorstellungen verunreinigen und auch nicht ständig über Sex reden (1999, 23). Allerdings ist diese undifferenzierte Aussage zur Orientierung suchender Paare wohl kaum hilfreich. Bezüglich Fantasien warnen TIM und BEVERLY LAHAYE davor, dass diese oft bewirken, dass der Partner eher benutzt als geliebt wird. Eine Überreizung und als Folge eine frühzeitige Ejakulation sind möglich. Zudem können unrealistische Erwartungen aufgebaut werden. Etwas Aufregendes (wie die Fantasien) muss noch lange nicht gut sein – so das abschließende Statement der Autoren (vgl. 1999, 260).

Weiterhin warnen die Autoren jung Verheiratete vor überhöhten Erwartungen hinsichtlich befriedigender Techniken. Dem Prozess des gegenseitigen Kennenlernens und des Experimentierens bezüglich sexueller Aktivitäten und Vorlieben (dazu gehören Vorspiel, Höhepunkt, Nachspiel) wird ein hoher Stellenwert beigemessen. Entscheidend werden die Bedürfnisse der jeweiligen Partner genannt, die es im Laufe der sexuellen Aktivität gilt herauszufinden. Durch die wachsenden persönlichen Erfahrungen steigt die Wahrscheinlichkeit für das Höchste beim Lieben erlebbare – den gleichzeitigen Orgasmus. Bei der Beschreibung von Stellungen beschränken sich die Autoren auf vier häufig angewandte. Das Genießen anderer Stellungen ist nach Meinung von TIM und BEVERLY LAHAYE wohl eher Sportlern vorbehalten (1999, 67-90).

Auf eine positive Wirkung von Fantasien verweisen AGUILAR und GALBES. Durch Fantasien kann eine starke sexuelle Stimulation beim Mann oder bei der Frau ausgelöst werden. Besonders bei Frauen besteht die Möglichkeit, dass sie durch erotische Fantasien erregt werden, die einen Orgasmus auslösen können. Außerdem können Fantasien auf folgende sexuelle Handlungen vorbereiten: In bestimmten Zeiten und Situationen, in denen sexuelle Beziehungen nicht möglich sind, dienen Fantasien zur Befriedigung von Wünschen. Damit können belastende sexuelle Spannungen abgebaut werden. Eine Gefahr von erotischen Fantasien besteht dann, wenn Wunschträume die Realität ersetzen bzw. von dieser nicht erfüllt werden können (1996a, 270; 1996b, 71). Auf die große Bedeutung von sexuellen Fantasien bei der Bereicherung des Sexuallebens, verweisen MASTERS, JOHNSON und KOLODNY (1996, 109).

HILDE und MICHAEL DIETERICH nennen verschiedene falsche Vorstellungen, die von den Medien verbreitet werden. Dabei werden Spannungen, die zwischen Wunsch und Wirklichkeit auftreten, zur wesentlichen Ursache für sexuelle Unzufriedenheit. Einige der falschen Annahmen sollen im Folgenden kurz erwähnt werden: 1. Sexualität bedeutet immer genitalen Geschlechtsverkehr zu haben. 2. Selbstbefriedigung schadet der Partnerschaft. 3. Frauen sollten multiple Orgasmen haben. 4. Der gleichzeitige Orgasmus beider Paare ist das höchste Glück bei der Sexualität. 5. Viele Menschen sind überzeugt, dass permanente Lust auf Sex das Normale ist.

Vor einer Lustlosigkeit, die sich durch falsche Erwartungen und auf Grund von schwankenden Gefühlen aufbauen kann, warnen die Autoren ausdrücklich (DIETERICH HILDE und MICHAEL, 1997 6 f.).

NAUJOKAT erwähnt, dass es keine objektiven Kriterien für den sexuellen Verkehr gibt. Die Forschung verweist auf sehr unterschiedliche Verhältnisse und Häufigkeiten. Entscheidend für ein Paar ist es, eine Einigung zu erzielen, mit dessen Ergebnis es zufrieden und glücklich sein kann. An anderer Stelle nennt er einen ein- bis zweimaligen Geschlechtsverkehr pro Woche für „unbedingt normal", wenn nicht schon viel. So gibt es auch Ehen, in denen alle zwei bis drei Wochen oder noch in größeren Abständen sexueller Verkehr stattfindet. Als normal ist ebenfalls das Bedürfnis einer Frau zu sehen, die sich „nur" einmal im Monat Geschlechtsverkehr wünscht. Nach NAUJOKAT nimmt außerdem mit zunehmenden Alter der Wunsch nach Intimverkehr ab (NAUJOKAT 1996a, 28, 34; 1988, 89-91; vgl. auch DEATRICK 1990, 64). STARR und WEINER konnten hingegen in einer Untersuchung feststellen, dass ein relativ hohes Interesse an Sexualität auch bei über 60-jährigen Menschen vorhanden ist (1998, 20-55).

An anderer Stelle bezeichnet NAUJOKAT die unterschiedlichen Erwartungen bezüglich sexueller Frequenzen als ein besonderes und nicht seltenes Problem. Neben allen Therapie- bzw. Lösungsversuchen ist bis heute noch kein Patentrezept dafür gefunden worden. Für diese frustrierende Situation bleibt oftmals nur der Ausweg der Selbstbefriedigung (1992, 80).

JOYCE und CLIFFORD PENNER bewerten die Experimentierfreude bezüglich sexueller Aktivität als wichtige Voraussetzung, um ein erfülltes Sexualleben auch für einen längeren Zeitraum aufrecht zu erhalten. Dabei stehen weniger moralische Aspekte bezüglich einer Richtigkeit oder Falschheit im Vordergrund als vielmehr emotionale und persönliche. Entscheidendes Kriterium sollte jedoch das sein, was als „angenehm empfunden" wird. Begründet wird eine Variantenvielfalt hinsichtlich der Wahl des Ortes und der Stellung damit, dass bei einer traditionellen unveränderlichen sexuellen Begegnung schnell Langeweile entstehen kann. Es sollte dabei aber immer berücksichtigt werden, dass eine Überbewertung von Positionen und des Probierens insgesamt dazu führen kann, dass die sexuelle Begegnung zu einem Abhaken einer Checkliste verleitet, bei der der ursprüngliche Ausdruck von Liebe in den Hintergrund treten kann. Mehr Kreativität und einen Ausbruch aus der Routine empfehlen die Autoren auch in Bezug des „Stils" der Begegnung, der Stimulation und des Einsatzes von Hilfsmitteln. Eine hohe sexuelle Erfüllung erfahren Paare, wenn sie eine völlige Ungeniertheit und Nacktheit zulassen. Wenn zu Beginn des Ehelebens diese Freiheit für die meisten Paare auch nicht möglich ist, findet diesbezüglich ein Entwicklungsprozess statt, der zu einer immer größeren Freiheit im Umgang miteinander führt. Eine völlige Freiheit hat keine Grenzen, keine

Einschränkungen und keine verbotenen Bereiche zur Folge (1996, 243-253). Über die Bedeutung von Abwechslung und Kreativität im Sexualleben schreibt auch HARRY MÜLLER (1992, 85-91).

Zum Thema Oralverkehr äußern sich JOYCE und CLIFFORD PENNER wie folgt. Prinzipiell lehnen sie es ab, christliche und moralische Argumente zu benutzen, um sich gegen etwas zu verteidigen, was einem fremd und unverständlich erscheint. Somit werden emotionale Konflikte und persönliche Meinungen für eine entsprechende Haltung nicht angesprochen und hinterfragt. Die Autoren verurteilen eine Einstellung, die sich lieber auf äußere Autorität beruft, anstatt sich selber eine Meinung zu bilden und diese mit dem Ehepartner zu besprechen. Die Autoren selbst bezeichnen die Praxis des Oralverkehr nur dann als unnatürlich, wenn ein Partner dazu gedrängt oder gezwungen wird. Auch hier gilt als „goldene Regel": Es kann über alles offen und unverklemmt gesprochen werden. Letztlich muss das Paar gemeinsam für sich entscheiden, was es in sein Repertoire aufnimmt (1996, 253-256).

Außerdem verweisen JOYCE und CLIFFORD PENNER auf einen erheblichen Informationsmangel bei vielen Erwachsenen in Bezug auf das, was normal ist und wie man den Körper des Partners genießen kann. Es gibt weder beim Mann noch bei der Frau allgemeine Anleitungen oder Empfehlungen, die eine zufriedene Sexualität garantieren. Zu unterschiedlich sind die jeweiligen Wünsche und Bedürfnisse sowohl bei Männern als auch bei Frauen. Wichtig ist deshalb ein Wissen darüber, wie die eigenen Gefühle akzeptiert und genossen werden können. Die Autoren stellen in diesem Zusammenhang fest, dass vor allem Frauen häufig in eine Ehe gehen, ohne sich ihrer eigenen sexuellen Gefühle, Wünsche und Bedürfnisse bewusst zu sein.

Diese Aussagen lassen die Vermutung zu, dass ein „Kennenlernen" des eigenen Körpers im Prinzip nur durch Selbstbefriedigung möglich ist. Zudem nennen die Autoren an anderer Stelle die Praktik der Selbstbefriedigung für Paare eine geeignete Möglichkeit, um unterschiedlichen Bedürfnissen sexueller Aktivität zu entsprechen. Gleichzeitig wird damit auch psychischer Druck vom sexuell „weniger interessierten" Partner genommen. Weiterhin bietet Selbstbefriedigung Paaren die Möglichkeit, in Zeiten der Trennung oder bei Krankheit u. ä., partnerschaftliche sexuelle Bedürfnisse damit zu kompensieren (PENNER 1996, 260 f., 285-287).

Da in der Literatur dem Thema Selbstbefriedigung ein relativ hoher Stellenwert beigemessen wird, soll sie im Folgenden noch einmal explizit thematisiert werden. Dabei werden die Begriffe Masturbation und Selbstbefriedigung (vereinzelt auch Onanie – wenngleich diese Bezeichnung falsch ist: es wird damit ein coitus interruptus bezeichnet) als Synonyme verwendet.

AGUILAR und GALBES sehen den Unterschied der Selbstbefriedigung zu anderen Formen der Sexualität darin, dass die Person in Interaktion zum eigenen Körper tritt – im Vergleich zum körperlichen Kontakt mit dem Partner. Für die Autoren ist die Selbstbefriedigung eine Möglichkeit, auch ohne Sexualpartner die eigenen unbefriedigten Wünsche zu verwirklichen. Daneben kann Selbstbefriedigung aber auch Ausdruck von Unsicherheit und Unreife in der Sexualität sein. Weiterhin zeigen AGUILAR und GALBES die unterschiedlichen Standpunkte in der Sexualwissenschaft auf. Uneinigkeit besteht darüber, ob es sich um notwendige oder überflüssige, förderliche oder schädliche Sexualpraktiken handelt, die ethisch zu akzeptieren sind oder nicht. Gehen viele angesehene Wissenschaftler davon aus, dass häufig praktizierte Masturbation sich auf Körper und Geist nicht schädigend auswirkt und die Behauptungen – Masturbation verursache Persönlichkeitsstörungen – als falsch darstellen, sehen andere diese Fragestellung nicht ohne weiteres als beantwortbar, sondern fordern bei der Bewertung größte Vorsicht und Objektivität. Die Autoren führen u. a. Untersuchungen an, die belegen, dass es beispielsweise kaum noch Unterschiede zwischen Männern und Frauen bezüglich der Häufigkeit des Masturbierens gibt.

Für die meisten Sexualforscher gilt die Masturbation nicht mehr als etwas Unmoralisches. Es gibt immer mehr Menschen in festen Partnerschaften, die allein oder gemeinsam masturbieren. Dieser Umstand allerdings führt die Autoren zu der Frage, ob eventuell zwischenmenschliche Beziehungen – auf sexueller oder emotionaler Ebene – gestört sind, die eine Flucht vor den Wünschen des realen Partners darstellen könnte. AGUILAR und GALBES weisen zudem auf die Bedeutung der Masturbation in der Sexualtherapie hin. So wird beispielsweise bei verschiedenen Funktionsstörungen, wie beim vorzeitigen Samenerguss beim Mann oder beim schmerzhaften Geschlechtsverkehr bei der Frau, die Masturbation in der Therapie eingesetzt. Wenn Masturbation von Angst oder Schuldgefühlen begleitet ist, warnen sie davor, leichtfertig die Unbedenklichkeit der

Masturbation hervorzuheben, sondern empfehlen auf die Ängste im Hintergrund einzugehen. Die Gefahr, d. h. ein Risiko oder eine Schädlichkeit der Selbstbefriedigung, sehen die Autoren darin, dass es bei einer ausschließlichen Praktik der Selbstbefriedigung zu einer intensiven narzisstischen Isolierung kommen kann. Das Fazit der Autoren ist, dass Masturbation nicht unterdrückt werden sollte, gleichzeitig die Entwicklung einer partnerschaftlichen Sexualität gefördert werden soll. Sind Schuldgefühle vorhanden, sollten diese nicht durch Vorwürfe verstärkt werden. In diesen Fällen ist es wichtig, dem Betreffenden zuzuhören und keine vorschnellen „Universallösungen" anzubieten (1996b, 60-68). Vergleiche auch PENNER (1996, 256-262).

Es muss allerdings auch auf Diskrepanzen in den Aussagen von AGUILAR und GALBES hingewiesen werden. Auf die Fragestellung, ob Masturbation gesundheitsschädigende Auswirkungen habe, werden an verschiedenen Stellen, unterschiedliche Aussagen wiedergegeben (vgl. AGUILAR und GALBES 1996b, 61, 66-68).

Für NITSCHE wird der Mann, der schon vor seiner Partnerschaft sich selbst befriedigt hat, dann auch in dieser lieber den bequemeren, schnelleren, den Weg des „geringsten Widerstandes" gehen, selbst wenn er dazu seine Frau benutzt. Der Mann wird nicht bereit sein, in die Erforschung des Empfindens seiner Frau zu investieren sowie durch Zärtlichkeit, Achtung und Verantwortung eine entsprechende Atmosphäre zu schaffen. Er ist *Kandidat für gedanklichen Ehebruch während des Intimverkehrs mit seiner Frau*, wenn er schon vor der Ehe sich mit Gedanken von Ehebruch und Hurerei beschäftigt hat. Fazit für NITSCHE ist: Selbstbefriedigung ist weder förderlich noch beglückend. Auch verheiratete Männer wie Frauen leiden unter dieser Praktik (1989, 107-114).

HART vertritt die Ansicht, dass vor allem die heimliche Selbstbefriedigung das Problem für eine Beziehung ist. Das tabuisierte Handeln fördert noch die sexuelle Erregung und damit letztlich die Isolation. Einen Lösungsansatz sieht HART darin, die Selbstbefriedigung mit dem Partner („wenigstens") gemeinsam zu tun (HART 1995, 196f.).

GEEST äußert sich zum Thema Selbstbefriedigung wie folgt: Eine gelungene, zarte, ganzheitliche Selbstbefriedigung, wirkt erfrischend auf den Menschen. Das Erlebnis gibt fast immer neue Freude im Alltag, und Mut, Schwierigkeiten zu bewältigen. Weiterhin ist

Selbstbefriedigung ein Hilfe (besonders für Frauen), die eigenen sexuellen Bedürfnisse und Reaktionen kennen zu lernen (1990, 35).

DIETERICH befürwortet, als therapeutisches Konzept die Selbstbefriedigung „zur größten Nebensache der Welt zu erheben". Außerdem zeigen Erfahrungen, dass Sexualität in Ehen oftmals von Angst
besetzt ist und als Folge das Intimleben nicht mehr oder noch nie
intakt war (DIETERICH 1992, 19 f.).

NAUJOKAT lehnt eine Selbstbefriedigung innerhalb der Ehe im
Prinzip ab. Er vertritt die Auffassung, dass in einer guten Ehe derar-
tige Ergänzungen eigentlich nicht nötig sein können. Insofern würde
ein Partner durch seine abenteuerliche Traumwelt den anderen Partner betrügen. NAUJOKAT legitimiert aber gleichzeitig eine Art der
„Not-Onanie", die einen sexuellen Druck – der nachweislich auch
zu Gewalt und Vergewaltigung führen kann – abbauen kann. Außerdem erwähnt er als weitere „Not-Situation", die schon genannten
unterschiedlichen Erwartungen bezüglich sexueller Frequenzen.
Auch in diesem Zusammenhang spricht NAUJOKAT von dem *kleineren Übel*. Allerdings lehnt es der Autor ab, Selbstbefriedigung als
„*Sünde"* zu bezeichnen, sondern plädiert dafür, sexuelle Schwierigkeiten in dem gegeben Umfeld zu lösen und theologisch und geistlich
nicht über zu bewerten (1992, 78-83).

Unter der Kapitel-Überschrift „Abnorme Sexualität" verweist
TRILLHAAS auf die Gefahr von Selbstbefriedigung. Für ihn ist das
Auftreten von Schuldkomplexen im Zusammenhang mit der Ge-
wöhnung an Selbstbefriedigung das Hauptproblem (63-66). Berücksichtigt werden muss in diesem Zusammenhang, dass diese Veröf-
fentlichung schon 1969 erfolgte.

Insgesamt können die Standpunkte der Autoren zum Thema
Selbstbefriedigung als „breit gestreut" bezeichnet werden. Bemer-
kenswert dabei ist die relativ hohe Anzahl restriktiver Meinungen.
Für den Standpunkt: ‚Selbstbefriedigung als Bereicherung sexueller
Aktivität', können keine Anhaltspunkte gefunden werden.

Familienplanung und Geburtenkontrolle
JOYCE und CLIFFORD PENNER nennen neben anderen Faktoren, welche Ursachen für Spannungen und Sorgen sind (und somit das Interesse an Sexualität herabsetzen), auch die Angst vor einer Schwangerschaft. Bei vielen Paaren, besonders bei Frauen, existieren bewusste und starke Ängste. Bei anderen wieder kann die Angst nur

latent vorhanden sein und erst dann in das Bewusstsein treten, wenn die Frau schwanger ist oder eine andere Verhütungsmethode gewählt wird und zu diesem Zeitpunkt ein Nachlassen der Spannung erlebt wird. Die Sorge über eine eventuelle Schwangerschaft und das Misstrauen in die jeweilige Verhütungsmethode wirkt sich negativ auf das sexuelle Interesse oder die Intensität der Erregung aus (1996, 225, 281-284).

ED und GAYE WHEAT nennen die Angst vor einer Schwangerschaft den Grund dafür, dass ein Paar die sexuelle Beziehung oft nicht genießen kann. Bei der Suche nach der „richtigen" Empfängnisverhütungsmethode muss allerdings berücksichtigt werden, dass es keine Methode gibt, die vollkommen richtig für jedes Paar in jeder Situation ist. Die Erfahrungen eines Paares mit einer bestimmten Methode sind nicht unbedingt auf ein anderes Ehepaar übertragbar. Weiterhin muss berücksichtigt werden, dass sich auf Grund von Änderungen der Lebenssituation auch der Wunsch oder die Notwendigkeit des Wechsels der Methode ergibt. An erster Stelle für die Auswahl der Verhütungsmethode steht die Gesundheit. Risiken sollten so weit wie möglich ausgeschlossen werden können. Das bedeutet z. B., dass bekannte unerwünschte Nebenwirkungen berücksichtigt werden. Außerdem besteht die Möglichkeit der Unverträglichkeit einer Methode auf Grund aktueller gesundheitlicher Probleme oder chronischer Krankheiten. Eine Entscheidung sollte in jedem Fall mit dem Haus- oder Frauenarzt abgesprochen werden. Als zweites Kriterium für die Wahl der Methode steht die Wirksamkeit. Diese ist wiederum stark abhängig von der Person, die sie anwendet. Paare sollten deshalb darauf achten, die Methode richtig und sorgfältig anzuwenden. Neben dem Versagen der Methode selbst verursacht auch die falsche und unsachgemäße Anwendung der Verhütungsmethode eine erhebliche Anzahl von ungewollten Schwangerschaften. Weiterhin muss die Motivation des Paares berücksichtigt werden, d.h. welche Zeit und Mühe ist man bereit für die Empfängnisverhütung aufzubringen. Nicht zuletzt entscheidet auch der persönliche Geschmack des Paares bei der Auswahl der entsprechenden Methode. Wichtig ist, dass die Methode vom Paar als angenehm und bequem empfunden wird (1999, 209-214; vgl. WHEAT 1993, 110).

JAKOB bezeichnet eine gute Verhütung als wichtige Voraussetzung für ein Genießen der Sexualität, weil damit die Angst vor einer ungewollten Schwangerschaft wegfällt (JAKOB 2000, 22). Für HUNTE-

MANN ist Verhütung eine Praktik, die objektiv gegen die von Gott gegebene Ordnung verstößt. Wie andere medizinische Indikationen auch, sind Verhütungsmittel als Kompromisse in einer hochkomplizierten und technisierten Welt zu sehen. In die von Gott vorgegebene Schöpfungsordnung von Geschlechtlichkeit und Fortpflanzung wird damit eingebrochen. Ein gleichzeitiges Tolerieren von Verhütungsmitteln begründet er mit einer gewissen *„Notordnung" der Sittlichkeit, die aber unter dem Zeichen der Vergebung steht, wenn man sich dieser Ordnung als Notordnung bewusst ist und man vor allen Dingen verantwortliche Elternschaft nicht ausschließt.* Letztlich wird somit nach Sicht des Autors ein größeres Übel durch ein kleineres Übel verhindert (1971, 58 f.).

4.2.4 Sexualität außerhalb der Ehe

Vorehelicher Geschlechtsverkehr

Für MAZAT ist es bedauerlich, dass es nicht besser gelungen ist, jungen Menschen *die Enthaltsamkeit vor der Ehe schmackhaft zu machen.* Die Autorin verweist auf eine Untersuchung, die ergab, dass Jugendliche, die frühzeitig und häufig sexuell aktiv sind, später große Schwierigkeiten haben, zu einer tiefen Intimität mit einem Partner zu gelangen, in der Vertrauen und Hingabe wichtig ist. MAZAT verweist gleichfalls auf ihre eigenen Erfahrungen in ihrer Beratertätigkeit mit Frauen, bei denen die Ursache für sexuelle Funktionsstörungen ihrer Vermutung nach ebenfalls in der vorehelichen Sexualität liegen. Die negativen Auswirkungen sind fast ausschließlich bei Frauen zu beobachten, weil vermutlich ihre Gefühle in jungen Jahren von sexuellen Erfahrungen viel stärker geschädigt werden, als es bei Männern der Fall ist. Um einen Entschluss der sexuellen Enthaltsamkeit vor der Ehe durchhalten zu können, werden verschiedene Empfehlungen genannt. Man sollte Situationen mit starken sexuellen Reizen, erotische Literatur und Filme meiden, sowie versuchen, nicht längere Zeit zu zweit allein zu sein, ohne etwas Bestimmtes zu tun, um damit Langeweile – die ein Anlass für sexuelle Aktivität werden kann – aus dem Weg zu gehen. Es sollte gelernt werden, Zuneigung nicht nur körperlich auszudrücken, sondern auf andere Bereiche wie gemeinsames Lesen, Diskutieren, Kochen oder verschiedenen Interessen nachgehen, sublimiert werden. MAZAT verweist auf negative Folgen vorehelichen Geschlechtsverkehrs, die von Forschern herausgefunden worden sind. So wird eine doppelt so hohe Wahrscheinlichkeit für späteren Ehebruch in der Ehe von Frauen mit vorehelichen Geschlechtsverkehr genannt als von Frauen ohne vorehelichen Geschlechtsverkehr. Gleichzeitig wird auf Untersuchungen verwiesen, die belegen, dass Ehepartner ohne voreheliche sexuelle Erfahrungen sich in der Ehe besser aufeinander einstellen können und weniger dazu tendieren, sich später scheiden zu lassen. Auf das Argument, *vorehelicher Sex sei wichtig, um herauszufinden, ob man sexuell zueinander passe,* wird entgegnet, dass es so gut wie nie vorkomme, dass eine Frau und ein Mann körperlich nicht zusammenpassen. Weniger als 5 % aller sexuellen Funktionsstörungen sind auf körperliche Ursachen zurückzuführen. Als Ursache für sexuelle Schwierigkeiten sind fast immer emotionale Probleme zu sehen (1984, 82-103).

Zu ähnlichen Ergebnissen gelangen auch HYBELS und WILKINS (1995, 60-67), JOCHEN FISCHER (1973, 43), NAUJOKAT (1978, 61-649) sowie BOVET, der voreheliche Beziehungen *„um sich gegenseitig erotisch zu prüfen",* als unrealistisch bezeichnet, weil die Bedingungen vor und in der Ehe nicht vergleichbar sind (1962, 25-28). KUBO weist darauf hin, dass in den seltensten Fällen physiologische Gründe für Probleme in der Ehe eine Rolle spielen. Überwiegend bezeichnet er emotionale Gründe als Ursache für Probleme (1980, 48-56).

LAHAYE erwähnt ebenfalls, dass die höchste Scheidungsrate bei den Paaren besteht, die vorehelichen Geschlechtsverkehr hatten. Die Anpassungszeit bei Neuverheirateten (viele Berater schätzen diese Zeit auf drei bis sieben Jahre) erfolgt überwiegend schneller und glücklicher bei Paaren, die auf sexuelle Aktivitäten vor ihrer Ehe verzichteten. Das sexuelle Erlebnis unter unerfahrenen Neuverheirateten bezeichnet LAHAYE so aufregend, dass Unterschiede und Schwächen kaum als Konflikte in der Anpassungsphase auftreten. Wenn sich in der Ehe auf die Stärken und weniger auf die Schwächen des Partners konzentriert wird, kann eine Anpassung somit schneller und dauerhafter erfolgen. Wenn später die „jugendliche sexuelle Ekstase" nachlässt, sind beide Partner so in ihrer Beziehung gereift, dass sie den anderen trotz Unterschiede und Schwächen lieben (1992, 60 f.)

Vergleiche hierzu auch PENNER (1996, 296) und AGUILAR und GALBES (1996b, 77-84). Letztere verweisen zudem auf die Gefahr eines wiederholten Partnerwechsels. Durch diesen kann es zu einer

Banalisierung von Liebe und Sexualität kommen. Weiterhin kann es vorkommen, dass Partner in schwierigen Zeiten einer Ehe, sich – wie eine Art psychologischer Selbstschutz – an schöne Situationen mit dem anderen Partner erinnern. Damit geschieht eine Flucht aus der Realität und vor dem Sich-dem-Problem-Stellen (1996b, 83).

Für HAMPEL werden Partner nicht von echter Liebe bewegt – trotz aller Beteuerungen –, sondern von egoistischen Begierden getrieben, wenn sie nicht in der Lage sind, mit der körperlichen Vereinigung bis zur Hochzeit zu warten. Außerdem spricht der Autor ebenfalls von Enttäuschungen, die bei den ersten sexuellen Kontakten ohne den Schutzraum Ehe auftreten können. Vor allem durch Schuldgefühle wird die gegenseitige Hingabe in der Ehe gestört. Diese wiederum können durch den vorehelichen Geschlechtsverkehr auftreten und eine Gefühllosigkeit bei der Frau sowie Impotenz beim Mann auslösen (1984, 40, 48-50).

Entgegen den o. g. Aussagen zeugen Leserbriefe in Diskussionsforen davon, dass verschiedenen Aussagen nicht vorbehaltlos zugestimmt wird. So melden sich z. B. in der Zeitschrift ADVENTGEMEINDE Leser zu Wort, die den Aussagen im Zusammenhang mit der sexuellen Enthaltsamkeit vor der Ehe als Voraussetzung für eine später gut funktionierende Ehe, kritisch und distanziert gegenüber stehen. Es wird u. a. davon berichtet, dass trotz vorehelicher sexueller Enthaltsamkeit die in der Ehe auftretenden Probleme bezüglich unterschiedlichen sexuellen Bedürfnissen nicht gelöst werden konnten. Auch kirchliche und weltliche Eheberatungen änderten nichts an der Situation. Vor der Aussage, den Verzicht auf vorehelichen Geschlechtsverkehr als eine Art Garantie für eine (auch) sexuelle glückliche Ehe hinzustellen, wird ausdrücklich gewarnt (vgl. ADVENTGEMEINDE 9, S. 8; 11, S. 8).

In diesem Zusammenhang erwähnt auch BOCHMANN, dass Adventisten für eine christliche Ehe hohe Ideale vertreten, die aber mit der Wirklichkeit oft nicht übereinstimmen. So sind u. a. auch die vorehelichen Lebensgemeinschaften inzwischen zur Normalität geworden. Diese Tatsachen sollten weder ignoriert noch geleugnet werden. Nur wenn man sich diesen Fakten stellt, wird ein sinnvolles und hilfreiches Eingreifen möglich (BOCHMANN 1993, 26; 1997, 12 f.). Zu ähnlichen Schlussfolgerungen gelangt auch GÖTZ (1986, 32).

In einer umfangreichen Literaturstudie kam BUSCHE zu dem Ergebnis, dass in 100% der 20 analysierten Schriften aus Verlagen mit evangelikaler Orientierung für eine voreheliche Enthaltsamkeit eingetreten wurde. Auf die jeweilige Argumentation im Einzelnen soll an dieser Stelle nicht eingegangen werden. Es lässt sich aber feststellen, dass die o. g. Begründungen für eine voreheliche Enthaltsamkeit, sich im wesentlichen auch bei BUSCHE wiederfinden. Außerdem hebt BUSCHE hervor, dass auf Grund der geringen Verwendung von Ergebnissen wissenschaftlicher Forschung, nach diesen (wissenschaftlichen) Kriterien keine Aussagen getroffen werden konnten (1989, 168 f., 248-263).

Treue und Untreue

MAZAT bezeichnet die eheliche Untreue auf sexuellem Gebiet oft als Folge des Auflösungsprozesses der geheiligten zwischenmenschlichen Beziehung zwischen Mann und Frau. Missverständnisse, Härte, ungerechte Kritik, Kälte, Interessenkonflikte und mangelnde Vitalität – auch auf sexuellem Gebiet – sowie Verschlossenheit gegenüber dem Partner, können es begünstigen, dem Partner untreu zu werden. Die Autorin verweist auf die Tatsache, dass vermutlich die meisten verheirateten Menschen sich gelegentlich einen Seitensprung in ihrer Fantasie ausmalen. Hier sollte sich der betroffene Partner selbst ehrlich hinterfragen, warum es zu diesen Fantasien kommt. Über Defizite und Lösungsansätze sollte nicht nur allein, sondern auch mit dem Partner nachgedacht werden. Wenn es nun zu einem tatsächlichen Seitensprung gekommen ist, sollte man den Partner nicht unter Druck setzen, indem man schreit, ihm „eine Szene macht" oder Selbstmord androht. Wenig Sinn macht es zudem, impulsiv zu reagieren und dem Partner mitzuteilen, das man ihm nie verzeihen oder nie wieder Vertrauen schenken kann. Neben der Berücksichtigung „äußerer" Umstände wie der von finanziellen, beruflichen, familieninternen etc. sollte eine Überprüfung der eigenen Situation erfolgen. Dazu gehört das Hinterfragen der Einstellung zum Partner, die die Untreue evtl. begünstigt hat. Ein wesentlicher Aspekt dabei ist, ob u. a. auch auf die sexuellen Bedürfnisse des Partners genügend Rücksicht genommen worden sind. MAZAT zitiert in diesem Zusammenhang Dr. English, für den Ehebruch nicht zwingend negative Folgen haben muss – vorausgesetzt es wird vernünftig reagiert. Es ist möglich, dass beide Partner sich der Gefühle und Bedürfnisse des anderen besser bewusst werden und ein höheres Engagement bei der Zuwendung gegenüber dem Partner entwickeln (1984, 104-113).

NAUJOKAT erwähnt ebenfalls, dass der Betrogene bei Untreue des Partners nicht im Affekt handeln sollte. Neben der sexuellen Untreue bzw. des Seitensprungs können andere Formen der Untreue ebenfalls äußerst relevant sein. So kann eine ausschließliche Fixierung auf Kinder, Beruf etc. durchaus auch eine Form von Untreue darstellen. Oftmals wird diese Art des Treuebruchs als viel harmloser und fast selbstverständlich bezeichnet aber sie kann die Ursache für sexuelle Untreue werden. Für den Autor bietet eine Krise für das Paar gleichfalls die Chance zu einem Neubeginn, wenn es das will und bereit ist, offen miteinander zu reden und Veränderungen in der Einstellung sowie im Verhalten zu akzeptieren. Ein einmaliges Vergehen im Sinne eines Seitensprunges sollte nicht dramatisiert werden. Wenn die Untreue allerdings nur das Ergebnis einer wirklich zerstörten Ehe ist, kann im Einzelfall eine endgültige Trennung in Erwägung gezogen werden. NAUJOKAT verweist aber ausdrücklich auf eine „Sonderfallregelung" in diesem Zusammenhang (1996a, 41-43).

Über die Einstellung und Haltung von Frauen, die sich blind darauf verlassen, dass ihr Mann schon treu sein wird, obwohl es zu keinen oder nur noch wenigen sexuellen Begegnungen zwischen beiden kommt, zeigt sich JAKOB sehr erstaunt. Die Einstellung, dass der Ehemann als Christ ja treu sein muss, ist für sie sehr kurzsichtig, weil auf Grund der heutigen gesellschaftlichen Situation ein „Ausbruch" aus einer Ehe relativ unproblematisch erfolgen kann. Die Autorin greift ebenfalls das Vorurteil vieler Ehepaare an, die davon ausgehen, dass der Partner spüren oder merken muss, was dem anderen Lust macht oder nicht. Viele trauen sich nicht, offen über ihre sexuellen Wünsche und Gedanken mit dem Partner zu reden (JAKOB 2000, 21 f.).

Für AGUILAR und GALBES besitzt die Problematik der sexuellen Unzufriedenheit (Langeweile, Monotonie etc.) innerhalb einer Paarbeziehung – neben anderen möglichen Gründen – ebenfalls eine Relevanz hinsichtlich der Untreue eines Partners. Bei erfolgter Untreue, sollte jedoch das Ziel der Verarbeitung des Ehebruchs die Versöhnung sein (1996b, 324). Vergleiche auch KELSEY (1994, 187) und ERBEN (1994, 11).

Missbrauchserfahrungen

Wurde ein Erwachsener in seiner Kindheit sexuell belästigt oder vergewaltigt und sind diese traumatischen Erfahrungen noch nicht verarbeitet, ist es wichtig, dass der Betroffene über seine Gefühle mit jemanden spricht, der ihn versteht. Oftmals ist der Ehepartner am besten dazu geeignet, es kann aber auch der Pastor, der Seelsorger oder der Arzt sein. Wichtig für die betroffene Person ist, dass sie über ihre Erlebnisse sprechen kann. Werden die Erfahrungen geheimgehalten und sind Gefühle wie Scham, Abscheu, Schuld und Zorn vorhanden, wird es nahezu unmöglich sein, eine sexuelle Begegnung mit dem Partner unbeschwert zu genießen. Für Betroffene ist neben der Gelegenheit sich auszusprechen, die Möglichkeit der Übergabe von Gefühlen an Gott von großer Bedeutung. Diese Meinung vertreten JOYCE und CLIFFORD PENNER (1996, 294-297).

Die genannten Empfehlungen bezüglich des Umgangs mit sexuelltraumatischen Erfahrungen erscheinen jedoch als unzureichend. Es wird der Eindruck vermittelt, dass ein Gespräch mit einer vertrauten Person sowie die Übergabe des Problems an Gott eine schnelle und unkomplizierte Lösung garantiert. Vor allem der Ehepartner ist vermutlich auf Grund seiner geringen Sachkenntnis meist überfordert. Oftmals ist eine intensive therapeutische Indikation aber unverzichtbar. Darauf verweisen auch AGUILAR und GALBES. Sie bezeichnen die Mitarbeit und Unterstützung des Partners als ebenso wichtig für die Bewältigung der Missbrauchserfahrung, weisen aber gleichzeitig darauf hin, dass in fast allen Fällen das Opfer die Hilfe eines Psychotherapeuten in Anspruch nehmen muss (1996b, 134).

Neben den Missbrauchserfahrungen außerhalb der Ehe werden von TREECK und BOCHMANN die Gewalterlebnisse innerhalb der Ehe als äußerst problematisch genannt. (Damit gehören folgende Aussagen ggf. unter Pkt. 4.2.3; da eine formale Differenzierung des Themas aber oftmals nicht möglich ist und somit nicht zwingend notwendig erscheint, soll die Abhandlung weiter unter diesem Abschnitt erfolgen.) Zu den Missbrauchserfahrungen in der Ehe gehören neben der ehelichen Vergewaltigung vor allem der Druck auf die Frau, mit dem Partner Sex zu haben. Dabei muss die Aufforderung nicht ständig mit Androhung von Gewalt begleitet sein. Die Autoren verweisen außerdem darauf, dass Missbrauchserfahrungen in konservativ christlichen Kreisen mindestens so häufig wie in der Normalbevölkerung anzutreffen sind.

Oftmals werden die Folgen von Missbrauchserfahrungen unterschätzt. Aus diesem Grund erachten die Autoren eine seelsorgerliche und therapeutische Begleitung sowohl für Opfer als auch Täter für sinnvoll (TREECK und BOCHMANN 1998, 61-69). Für eine spezielle (therapeutische) Intervention bei einer „Täter-Opfer-Situation" innerhalb einer Partnerschaft sind derzeit keine Lösungsansätze bekannt.

5. Ergebnisse der Literaturarbeit

5.1 Anspruch und Wirklichkeit – eine Diskrepanz?

Als problematisch stellt sich die Tatsache dar, dass die überwiegende Anzahl von christlichen Veröffentlichungen bezüglich sexueller Themen als „idealisierend" bezeichnet werden muss. Dabei ist in diesem Zusammenhang darauf hinzuweisen, dass bei einem Vergleich von Veröffentlichungen aus den 70er, 80er und 90er Jahren eine Tendenz zu progressiven Standpunkten zu erkennen ist. Deutlich ist dieser Prozess z. B. an dem Thema „Selbstbefriedigung" zu erkennen.

Insgesamt finden sich hinterfragende und kritische Standpunkte und Äußerungen in der „christlichen Fachliteratur" in Bezug auf die Realität aber eher selten. Als ein Ernst zu nehmendes „Phänomen" stellt sich jedoch folgender Sachverhalt dar: Wird eine Plattform zu Meinungsäußerungen von Lesern zu verschiedenen Themen im Bereich Sexualität/Sexualverhalten angeboten, findet sich eine breite Palette unterschiedlicher Einstellungen zum Thema Sexualität. Interessant dabei ist, dass verstärkt auch hinterfragende Standpunkte geäußert werden.

Das lässt den Schluss zu, dass theoretisch erhobene Ansprüche verschiedentlich nicht die Meinungen und Erfahrungen der Leser widerspiegeln. Unbeantwortet und spekulativ ist jedoch die Frage, in wie weit diese veröffentlichten Meinungsäußerungen eine repräsentative Leserschaft vertreten oder nur Ausdruck von Problemen Einzelner sind, die den Eindruck einer „Allgemeingültigkeit" erwecken. Da keine verlässlichen Ergebnisse von wissenschaftlichen Studien vorliegen, die belegen, dass Probleme oder „normabweichendes Verhalten" (im christlichen Kontext) von Christen auf sexuellem Gebiet eine untergeordnete Rolle spielen und ihnen in entsprechender Literatur nur eine zu große Bedeutung, z. B. im Rahmen von Diskussionsforen beigemessen wird, oder ob tatsächlich eine bedeutsame

Diskrepanz zwischen dem Anspruch der Literatur und der Realität besteht, bleibt an dieser Stelle auch weiterhin ungeklärt und offen.

5.2 Die Notwendigkeit der Überprüfung von Aussagen in der christlichen Literatur

Vor allem in den USA liegen verschiedene empirische Untersuchungen über das Sexualverhalten vor. Dazu gehören die 1948 veröffentlichte Kinsey-Studie sowie die Untersuchungen von Masters und Johnson, der Hite-Report, die Reddbook-Studie oder der Hunt-Report – um nur einige bedeutende zu nennen (vgl. AGUILAR und GALBES 1996a, 332-337; BELL 1982 u.a.).

Auch die Einstellung und das Sexualverhalten von christlichen Gruppen wurde in Studien untersucht und mit nichtchristlichen Gruppen verglichen. Dabei wurden z. T. recht interessante Ergebnisse gewonnen. So fand Larson u. a. heraus, dass Christen neben einer geringeren Scheidungsrate auch besseren Sex haben (vgl. ERNST 197, 21; ELMER-DEWITT und EGGERS 1995, 10 f.).

Diese Ergebnisse konnten im deutschsprachigen Raum leider bisher nicht falsifiziert werden. Selbst in den fortschrittlichen Ländern Europas gibt es kaum umfassende und zuverlässige Untersuchungen über das Sexualverhalten der Bevölkerung. Eine in Deutschland repräsentative Studie bezüglich der Sexualität wurde mit dem 1978 veröffentlichten „RALF-Report" („Repräsentative Analyse sexueller Lebensformen") von EICHNER und HABERMEHL durchgeführt. Diese Studie soll jedoch nicht in diese Arbeit einfließen, weil davon auszugehen ist, dass die gewonnenen Ergebnisse nicht mehr der heutigen, veränderten Situation entsprechen. Zudem würde der RALF-Report auf Grund der Inkommensurabilität mit der vorliegenden Arbeit dem Ziel dieser nicht entsprechen. Andere vergleichbare Studien zum Sexualverhalten sind derzeit nicht bekannt (vgl. EICHNER/HABERMEHL 1978 und AGUILAR/GALBES 1996a, 338 f.)

Somit ergibt sich eine Situation, in der einerseits normierte Aussagen über das Sexualverhalten von christlich – insbesondere von freikirchlich – eingestellten Ehepaaren getroffen werden, andererseits aber aus den unter Pkt. 5.1 genannten Gründen keine Überprüfung dieser Aussagen möglich ist. Aus dieser Situation heraus entstand die Absicht, die überwiegend auf Theorie und Thesen beruhenden Aussagen der Literatur mit den tatsächlichen Einstellungen und Verhaltensweisen durch eine geeignete Untersuchung auf eventuelle Diskrepanzen zu überprüfen bzw. die Aussagen der Literatur zu bestätigen.

6. Methodik der empirischen Studie

6.1 Zielgruppe und Durchführung der Studie

Gemäß der Aufgabenstellung sollten christliche Ehepaare mit freikirchlicher Glaubensorientierung für eine empirische Studie gewonnen werden. Zum einen bestand das Erfordernis, die Daten relativ schnell zu gewinnen und auszuwerten. Zum anderen mussten Überlegungen berücksichtigt werden, die eine repräsentative Datenerhebung ermöglichten. Auf Grund der Sensibilität, mit der das Thema Sexualität insgesamt in christlichen Kreisen noch thematisiert wird, sollte der Datengewinn, d. h. der Anreiz an der Studie teilzunehmen, so sachlich wie möglich erfolgen. Damit sollte ausgeschlossen werden, dass Ergebnisse von „extremen Gruppen" überrepräsentativ in die Studie eingehen. Mit „extremen Gruppen" sind hier Fraktionen gemeint, die gegenüber dem Thema Sexualität überdurchschnittlich liberal oder konservativ eingestellt sind und entsprechende Möglichkeiten zur Meinungsäußerung evtl. unverhältnismäßig genutzt hätten. Der Gedanke, die Studie bei Eheseminaren durchzuführen, wurde relativ schnell verworfen, weil damit schon eine Eingrenzung des Personenkreises erfolgt wäre. Aus diesem Grund schieden auch die Möglichkeiten aus, auf Daten von Ehepaaren zurückzugreifen, die sich in seelsorgerlicher oder ähnlicher Betreuung befanden. In jedem Fall musste dem Erfordernis Rechnung getragen werden, die Studie so anonym wie nur möglich durchzuführen.

Als glücklicher Umstand erwies sich bei diesen Überlegungen, dass sich die Redaktion der Zeitschrift FAMILY in der Ausgabe 1/2000 dahingehend äußerte, dass es interne Überlegungen darüber gebe, wie man die Diskrepanz zwischen „offizieller Lesart" und „privater Praxis" bezüglich des Themas Sexualität in der Partnerschaft mit Feingefühl und Behutsamkeit ansprechen könnte.

Diese Aussagen waren der Anlass zu einer Kontaktaufnahme mit der Redaktionsleitung der FAMILY. Nach der Klärung formaler Fragen sowie inhaltlicher Erwartungen beider Seiten bezüglich der Datengewinnung wurde Einigung darüber erzielt, einen Fragebogen zur sexuellen Zufriedenheit christlicher Ehepaare in der Ausgabe 2/2000 der FAMILY zu veröffentlichen.

Die genannte Ausgabe erschien Ende Februar. Aus Zeitgründen wurde der Einsendeschluss für die Fragebogen auf den 31. März festgelegt. Die zurückgesandten Fragebogen der Teilnehmer wurden anschließend von der FAMILY zur Auswertung weitergeleitet. Aus den schon genannten Zeitgründen konnten die nach dem 31. März eingegangenen Fragebögen in dieser Studie keine Berücksichtigung mehr finden.

Die Umfrage bzw. der Fragebogen selbst wurde in der entsprechenden Ausgabe der FAMILY nur mit dem Hinweis der gemeinsamen Auswertung mit der Theologischen Hochschule Friedensau veröffentlicht. Weder Hintergründe und Absichten der Studie wurden genannt noch Anreize (in Form von Preisen etc.) für eine hohe Rücklaufquote gegeben.

Die christliche Zeitschrift FAMILIY erscheint im Bundes-Verlag. Im Vordergrund stehen dabei die Themen Partnerschaft und Familie. FAMILY erscheint quartalsweise und hat eine Druckauflage von 90.000 Exemplaren. Davon finden über 70.000 Stück in Deutschland im Abo- und Freiverkauf Absatz. Darüber hinaus findet der Verkauf von über 4.500 Exemplaren in der Schweiz und 900 Stück in Österreich statt.

6.2 Das Testinstrument

Als Testinstrument wurde ein Fragebogen „Umfrage zur sexuellen Zufriedenheit christlicher Ehepaare" entwickelt. Die Items werden verschiedenen Variablen- und Fragekomplexen zugeordnet. Die Systematik wird in den folgenden Gliederungspunkten ersichtlich. Dabei erfolgt die Darstellung der jeweiligen Items im Folgenden nur als Übersicht. Die präzise Fragestellung der Items kann dem Fragebogen im Anhang entnommen werden.

6.2.1 Items für unabhängige Variablen

Fragen zur Demographie
Frage 1: Geschlecht
Frage 2: Alter und Ehejahre
Frage 3: Wohnort (Bundesland)

Fragen zur Religiosität
Frage 4: Glaubensrichtung
Frage 5: Erziehung
Frage 6: Gottesdienstbesuch

Fragen zu Sexualität/Sexualverhalten
Frage 7: Vor der Ehe schon verheiratet gewesen
Frage 8: Einstellung zur Sexualität
Frage 9: Vorehelicher Geschlechtsverkehr
Frage 10: Missbrauchserfahrungen
Frage 11: Außereheliche Beziehungen
Frage 14: Verhütung
Frage 16: Sexualpraktiken
Frage 17: Frequenz des Geschlechtsverkehrs

6.2.2 Items zur Bestimmung der abhängigen Variable

6.2.2.1 Die Faktorenanalyse

Die einzelnen Items des Fragekomplexes, der Meinungen und Empfindungen erfragte, wurden einer Faktorenanalyse unterzogen. Dabei ergab die Hauptkomponentenanalyse mit Variamax-Rotation drei Faktoren.

Bei der ursprünglichen Formulierung der jeweiligen Fragen wurde hingegen das Entstehen von zwei Faktoren angenommen. Der Faktor der sexuellen Zufriedenheit sowie ein weiterer Faktor von ehelicher Zufriedenheit. Entgegen dieser Vermutung konnte der Faktor „eheliche Zufriedenheit" durch die Faktorenanalyse nicht ermittelt werden. Dem Faktor sexuelle Zufriedenheit wurden folgende 8 Items zugeordnet:

- Meine Erwartungen über das Zusammenleben in der Ehe wurden erfüllt.
- Mein Partner hat die gleichen sexuellen Erwartungen wie ich.
- Sexualität spielt in meiner Ehe eine untergeordnete Rolle.
- Ich bin sexuell zufrieden.
- Ich fühle mich von meinem Partner angenommen.
- Ich kann mit meinem Partner problemlos über alle sexuellen Fragen reden.
- Meine Erwartungen an Sexualität in der Ehe wurden erfüllt.
- Diese Befragung ist mir unangenehm.

Neben dem Faktor der sexuellen Zufriedenheit wurden außerdem ein Faktor für Wünsche bezüglich sexueller Aspekte sowie ein Faktor von Wertmaßstäben bezüglich sexueller Untreue ermittelt. Da die beiden letztgenannten Faktoren für die vorgegebene Fragestellung keine bzw. nur eine sehr geringe Relevanz besitzen, finden sie aus diesem Grund bei der weiteren Betrachtung keine Berücksichtigung.

6.2.2.2 Die Reliabilitätsanalyse

Bei der Reliabilitätsanalyse wurde für die 8 Items, welche in der Faktorenanalyse dem Faktor sexuelle Zufriedenheit zugeordnet wurden, ein Cronbachs α von 0,85 ermittelt. Auf Grund der geringen Korrelation und der geringen inhaltlichen Relevanz der Frage 14 (diese Befragung ist mir unangenehm.) zur sexuellen Zufriedenheit wurde das Item aus der Skala entfernt. Damit ergibt sich ein α von 0,87. Dieser relativ hohe Wert zeigt, dass die nun 7 vorliegenden Items eine hohe Reliabilität aufweisen und somit gut geeignet sind, zu einer gemeinsamen Skala zusammengefasst zu werden. Die Einzelwerte der 7 Items ergeben bei jeweils 7 Antwortmöglichkeiten (1-Ablehnung bis 7-Zustimmung) eine Bandbreite von 7 – 49.

6.2.3 Sonstige Fragen

Frage 12: Aufklärung und Information
Frage 13: Entwicklung von sexueller Zufriedenheit, Offenheit und sexueller Aktivität
Frage 15: Problemlösung

7. Hypothesen und Methoden

7.1 Hypothesen zur Demographie

Geschlecht (Frage 1)
Es gibt keine Unterschiede zwischen Männern und Frauen bezüglich der sexuellen Zufriedenheit in der Ehe. Die Überprüfung erfolgt mit Hilfe eines t-Tests.

Gibt es Unterschiede in der sexuellen Zufriedenheit bei Männern und Frauen? Es liegt die Vermutung nahe, dass ein Ergebnis erzielt wird, welches eine höhere sexuelle Zufriedenheit von Männern aufweist. So zeigt beispielsweise die Studie von TREECK (1995, 15), dass Männer eine höhere eheliche Zufriedenheit als Frauen nennen. Es soll nun ermittelt werden, ob das Ergebnis der „ehelichen" Zufriedenheit mit „sexueller" Zufriedenheit korreliert. Vermutung: Erwartet wird eine höhere sexuelle Zufriedenheit bei Männern.

Alter und Ehejahre (Frage 2)
Das Alter der Ehepartner sowie die Dauer ihrer Ehe haben keinen Einfluss auf die sexuelle Zufriedenheit. Die Überprüfung der Hypothese erfolgt mit dem Pearsonschen Korrelationskoeffizienten.

Im Wesentlichen lassen sich zwei Vermutungen bezüglich des Einflusses des Alters auf die sexuelle Zufriedenheit ableiten. Erstens: Auf Grund der Übernahme von traditionellen religiösen Werten bei „reiferen" Paaren steigt die sexuelle Zufriedenheit mit steigendem Lebensalter. Andererseits lässt die bessere Aufklärung und die größere Freiheit der jüngeren Generationen die Vermutung zu, dass die Ehen der „jungen" Paare bessere Voraussetzungen für eine sexuelle Zufriedenheit besitzen. Das wiederum würde bedeuten: Je höher das Lebensalter, desto stärker nimmt die sexuelle Zufriedenheit ab.

Wohnort (Frage 3)
Die territorialen Unterschiede bezüglich der Herkunft der Testpersonen haben keine Bedeutung für die sexuelle Zufriedenheit. Die Überprüfung erfolgt durch eine One-Way-ANOVA. Mit diesem Item soll überprüft werden, ob es regionale Unterschiede bezüglich der Aussagen von sexueller Zufriedenheit gibt.

7.2 Hypothesen zur Religiosität

Welcher Glaubensrichtung fühlen Sie sich zugehörig? (Frage 4)
Die persönliche Glaubensrichtung hat keinen Einfluss auf die sexuelle Zufriedenheit. Die Prüfung dieser Hypothese erfolgt mit einer One-Way-ANOVA.

In der vorliegenden Arbeit interessiert, ob die Aussagen zur sexuellen Zufriedenheit von Ehen im freikirchlich orientierten Bereich sich von den Aussagen anderer Glaubensrichtungen unterscheiden oder ob sich keine Unterschiede bezüglich der sexuellen Zufriedenheit in Hinsicht unterschiedlicher Glaubensrichtungen ergeben.

Vermutet werden Unterschiede zwischen den verschiedenen Glaubensrichtungen hinsichtlich der sexuellen Zufriedenheit, abhängig von den einzelnen internalisierten und ausgelebten Glaubensstilen.

Als problematisch bei der Formulierung des Items ergab sich, dass die scheinbar einfachste und logischste Einordnung in eine Kirche/Gemeinschaft, nämlich entsprechend der Mitgliedschaft, nicht diese Anforderungen erfüllt hätte. Zum einen hätte man schwer alle Kirchen/Gemeinschaften erfassen können, da es nicht möglich gewesen wäre, auch die kleineren Kirchen/Gemeinschaften sowie Splittergruppen zu erfassen. Zum anderen spiegelt die Mitgliedschaft in einer Kirche/Gemeinschaft nicht unbedingt die persönliche Glaubenseinstellung wider. So ist z. B. durchaus vorstellbar, dass jemand „auf dem Papier" evangelisch-landeskirchlich ist, sich aber in seinem persönlichen Glaubensstil mehr freikirchlichen oder charismatischen Glaubensstilen verbunden fühlt. Weil aus dem dargestellten Grund eine formelle Zugehörigkeit zu einer Kirche/Gemeinschaft nicht unbedingt zuverlässige Aussagen über den tatsächlich gelebten Glaubensstil des Einzelnen ermöglicht, wurde das Item so formuliert, dass die subjektive Einschätzung bezüglich der eigenen Glaubensrichtung das entscheidende Kriterium darstellt und somit davon ausgegangen werden kann, dass diese Einschätzung wahrscheinlich auch am ehesten die Absicht der Fragestellung trifft.

Wie wurden Sie erzogen? (Frage 5)

Der Erziehungsstil hat keinen Einfluss auf eine spätere eheliche sexuelle Zufriedenheit. Mit Hilfe einer One-Way-ANOVA erfolgt die Überprüfung dieser Hypothese.

Dieses Item soll Aufschluss darüber geben, inwieweit der jeweilige Erziehungsstil (u. a. auch die damit verbundene Aufklärung) Bedeutung für ein späteres sexuelles Erleben besitzt. Gibt es Hinweise, dass streng bzw. konservativ erzogene Christen Probleme mit ihrer eigenen sowie der partnerschaftlichen Sexualität in späteren Beziehungen aufweisen? Das würde bedeuten, dass ein freizügiger Erziehungsstil eine sexuelle Zufriedenheit in späteren Partnerschaften fördern würde.

Wie oft nehmen Sie am Gottesdienst teil? (Frage 6)

Es besteht kein Zusammenhang zwischen der Frequenz des Gottesdienstbesuches und der sexuellen Zufriedenheit des Einzelnen. Überprüft wird die Hypothese mit Hilfe des Spearman Rho Korrelationskoeffizienten.

Mit diesem Item soll die Häufigkeit des Gottesdienstbesuches erfasst werden. Es liegt die Vermutung nahe, dass Menschen mit einem aktiveren Glaubensleben eine engere persönliche Verbindung zu Gott sowie intensivere Kontakte zu anderen Mitgliedern ihrer Kirche/Gemeinschaft haben. Das Vorhandensein beider Bedingungen wurde als Voraussetzung für eine bessere Bewältigung ehelicher bzw. sexueller Probleme gewertet. Hingegen ließ das Fehlen beider Konditionen auf eine schlechtere Problembewältigung schließen, mit der Folge, dass die sexuelle Zufriedenheit niedriger ausfällt als bei der erst genannten Gruppe.

Als Problem stellte sich dar, dass die Frage nach persönlichen Beziehungen zu Gott und Mitgliedern der eigenen Kirche/Gemeinschaft nicht ausschließlich an der Frequenz der Gottesdienstbesuche fest gemacht werden kann. Es steht außerhalb der Diskussion, dass bei der Ermittlung dieses Sachverhaltes noch verschiedene andere Faktoren eine Rolle spielen. Bei der Suche nach einer Kompromisslösung wurde die Fragestellung nach der Teilnahme am Gottesdienst jedoch favorisiert, weil sie vermutlich am ehesten persönliches Engagement und Intensität in Beziehungen widerspiegelt.

7.3 Hypothesen zu Sexualität/Sexualverhalten

Waren Sie vor dieser Ehe schon einmal verheiratet? (Frage 7)
In der Vergangenheit erlebte Ehen, im Sinne von gewonnenen sexuellen „Fremderfahrungen", haben keinen Einfluss auf die sexuelle Zufriedenheit in der derzeitigen Ehe. Die Überprüfung erfolgt mit einer One-Way-ANOVA.

Ermittelt werden soll mit dieser Frage, inwieweit sexuelle Erfahrungen mit anderen Partnern in einer festen Beziehung sich negativ oder positiv auf die derzeit erlebte Ehe auswirken bzw. keinen Einfluss haben. Zwei Vermutungen liegen vor: Erste Annahme: Sexuelle Erfahrungen mit anderen Partner wirken sich – wie oft in der Literatur behauptet – negativ auf das sexuelle Zusammenleben mit späteren Partnern und somit auch auf die sexuelle Zufriedenheit aus. Zweite Annahme: Die sexuellen Erfahrungen mit früheren Partnern wirken sich insgesamt hilfreich, also positiv auf das momentan erlebte Sexualleben aus.

Zum anderen sollte mit dieser Frage untersucht werden, inwieweit das Thema Scheidung in christlichen Familien überhaupt eine praktische Relevanz besitzt bzw. ob tatsächlich ein so hoher Prozentsatz an christlichen Ehepartnern wie in der Studie von TREECK (1995, 32) angeführt wird, nie persönlich eine Scheidung erlebt hat. Der Prozentsatz lag für diese Gruppe bei 90,1%. Ähnliche und teilweise höhere Scheidungszahlen nennt ERBEN in seiner Studie über die Scheidungsproblematik christlicher Paare in den USA (1997, 4; 1998, 58-60). ERBEN verweist dabei u. a. auf Untersuchungen von SAHLIN & SAHLIN (1997) sowie der SOUTHEASTERN CALIFORNIA CONFERENCE (1994).

Wie sehen Sie Ihre Einstellung zur Sexualität? (Frage 8)
Die eigene Einstellung zur Sexualität hat keinen Einfluss auf die erlebte sexuelle Zufriedenheit. Die Hypothese wird mit einer One-Way-ANOVA geprüft.

Mit diesem Item soll anhand einer Selbsteinschätzung ermittelt werden, ob die eigene Einstellung zur Sexualität – die sich in konkreten Wertmaßstäben und Verhalten ausdrückt –, Rückschlüsse auf die erlebte sexuelle Zufriedenheit zulässt. Vermutet wird, dass eine konservative Einstellung zur Sexualität sich negativ auf die erlebte sexuelle Zufriedenheit auswirkt.

Hatten Sie jemals vorehelichen Geschlechtsverkehr? (Frage 9)
Die Tatsache, ob die ersten sexuellen Erfahrungen mit anderen Partnern, mit dem späteren Ehepartner oder erst in der Ehe gemacht wurden, hat keinen Einfluss auf die sexuelle Zufriedenheit der derzeitigen Ehe. Die Überprüfung der Hypothese erfolgt mit einer One-Way-ANOVA.

Anhand dieser Frage soll exploriert werden, ob die negativen Auswirkungen von vorehelichem Geschlechtsverkehr auf die spätere sexuelle Harmonie bzw. Zufriedenheit in der Ehe – wie sie in der Literatur immer wieder genannt werden – tatsächlich existieren. Dabei soll insbesondere differenziert werden, ob es von Bedeutung ist, mit dem späteren Ehepartner oder mit anderen Partnern vorehelichen Geschlechtsverkehr praktiziert zu haben. Vermutet wird, dass die u. a. sexuell erlangten Erfahrungen – in früheren Partnerschaften wie auch mit dem gleichen Partner – sich insgesamt positiv auch auf das Sexualleben in der derzeitigen Ehe auswirken.

Weiterhin sollen die Ergebnisse der Studien von TREECK (1995, 31) und BOCHMANN (1994/1997) repliziert werden. TREECK ermittelte in seiner Studie für die Gruppe, die vorehelichen Geschlechtsverkehr praktizierte, einen Prozentsatz von 57,8%. Die Umfrage von BOCHMANN zeigt ebenfalls eine hohe Akzeptanz des vorehelichen Geschlechtsverkehrs bei Jugendlichen. Überprüft werden soll, inwieweit eine Diskrepanz zwischen den Aussagen diverser Autoren und der Wirklichkeit besteht.

Sind Sie jemals sexuell missbraucht oder vergewaltigt worden?
(Frage 10)
Sexuelle Missbrauchserfahrungen haben keine bleibende Bedeutung für die sexuelle Zufriedenheit. Die Prüfung dieser Hypothese erfolgt mit einem t-Test.

Über folgende Fragestellung soll dieses Item Aufschluss geben: Hat die Erfahrung eines Missbrauchs oder einer Vergewaltigung Einfluss auf das sexuelle Erleben oder können entsprechende Erlebnisse unter dem Einfluss einer „guten und glücklichen" Ehe kompensiert werden?

Zu beachten ist, dass mit der vorliegenden Fragestellung nicht der evtl. Zeitpunkt einer Missbrauchserfahrung berücksichtigt wird. Außerdem wird nicht unterschieden, ob eine evtl. Gewalterfahrung in oder außerhalb der Ehe stattgefunden hat. Weiterhin ist es mit dem formulierten Item nicht möglich, eine Differenzierung zwischen verschiedenen Missbrauchserfahrungen vorzunehmen (z. B. Vergewaltigung, sexuellem Missbrauch als Kind oder Erwachsener, sexuelle Belästigung etc.). Vermutet wird unter Berücksichtigung der gegebenen Fragestellung eine geringere sexuelle Zufriedenheit bei Missbrauch-Opfern. Weiterhin soll das Ergebnis der Studie von TREECK (1995, 32) repliziert werden, bei der 97% der Männer und 90,3% der Frauen berichteten, niemals sexuell missbraucht worden zu sein.

Hatten Sie jemals eine außereheliche Beziehung? (Frage 11)
Außereheliche Beziehungen – egal in welcher Form und Intensität – haben keinen Einfluss auf die sexuelle Zufriedenheit in der Ehe. Die Prüfung dieser Hypothese erfolgt mit Hilfe der One-Way-ANOVA.

Es wird oftmals angenommen, dass sexuelle Erfahrungen außerhalb einer festen Partnerschaft für das sexuelle Erleben in dieser festen Partnerschaft von Vorteil sind, weil die Erfahrungen mit anderen Partnern durchaus als Bereicherung in einer festen Partnerschaft dienen können. Demgegenüber steht die Aussage christlicher Autoren, die als Voraussetzung für eine zufriedene und glückliche Ehe die

Treue der Partner für unverzichtbar halten. Überprüft werden soll, wie „sexuelle Zufriedenheit" mit absoluter Treue in der Partnerschaft sowie mit gedanklicher bzw. tatsächlicher Untreue korreliert. Vermutet wird ein starker Zusammenhang von „absoluter Treue" mit „sexueller Zufriedenheit". Außerdem soll mit diesem Item die Studie von TREECK (1995, 31) überprüft werden, welche ein Ergebnis bei dem Item „Affäre ...: – nein, nie" von 83,5% und bei dem Item „Es ist falsch, sexuelle Beziehungen mit anderem ...: – trifft zu" eine Quote von 93% aufweist. Vermutet wird in dieser Studie eine größere Anzahl von „Seitensprüngen" als in der o. g. Studie zugegeben wurde.

Wie verhüten Sie? *(Frage 14)*
Die Art der Verhütung hat keinen Einfluss auf die sexuelle Zufriedenheit. Die Hypothese wird mit der One-Way-ANOVA überprüft.

Bei diesem Item interessiert die Fragestellung, ob die Art der Verhütung in einem Zusammenhang mit der sexuellen Zufriedenheit steht. Vermutet wird, je sicherer die Methode der Verhütung, desto größer ist die Entspannung und Genussfähigkeit beim Koitus. Daraus ließe sich schlussfolgern, dass mit der Zunahme der Sicherheit der jeweiligen angewandten Verhütungsmethode auch die sexuelle Zufriedenheit steigt.

Welche Sexualpraktiken gehören zu Ihrer Ehe? *(Frage 16)*
Der Einsatz und die Häufigkeit der verschiedenen Sexualpraktiken haben keinen Einfluss auf die sexuelle Zufriedenheit. Die Überprüfung der Hypothese erfolgt mittels einer Regressionsanalyse.

Vermutet wird, dass Ehen, in denen eine größere Variationsbreite bezüglich der Sexualpraktiken existiert, auch eine höhere sexuelle Zufriedenheit aufweisen als Ehen, in denen „nur" der „normale" Geschlechtsverkehr praktiziert wird. Weiterhin interessiert bei der vorliegenden Fragestellung, ob in christlichen Ehen verschiedene Sexualpraktiken – die in der christlichen Literatur teilweise als „abnormal" bezeichnet werden – tatsächlich tabu sind. Vermutet wird, dass die genannten Sexualpraktiken zum „normalen Repertoire" sexueller Aktivität (auch) in christlichen Ehen gehören.

Wie häufig haben Sie sexuellen Verkehr mit Ihrem Partner? (Frage 17)
Die Häufigkeit des sexuellen Verkehrs hat keinen Einfluss auf die
sexuelle Zufriedenheit in der Ehe. Die Überprüfung der Hypothese
erfolgt mit Hilfe des Spearmann Rho Korrelationskoeffizienten.

Mit diesem Item soll untersucht werden, ob die Häufigkeit des
sexuellen Verkehrs Aussagen über die sexuelle Zufriedenheit zulässt.
Vermutet wird, dass die sexuelle Zufriedenheit mit der Frequenz des
sexuellen Verkehrs positiv korreliert.

8. Ergebnisse der empirischen Studie

8.1 Abhängige Variable: Sexuelle Zufriedenheit

Die theoretisch mögliche Bandbreite von Werten der Antwortmöglichkeiten für sexuelle Zufriedenheit reicht, wie oben schon erwähnt,
von 7-49. Dieses Spektrum ist identisch mit den tatsächlichen Mini-
mum- und Maximum-Werten der gegebenen Antworten. Die Zahl
der gültigen Datensätze beläuft sich auf 1022 von insgesamt 1035.
Dabei werden für „Geschlecht" folgende Häufigkeiten genannt:
Männer 324 (31,3%) und Frauen 707 (68,3%). Für 4 Datensätze
liegen keine Angaben zum Geschlecht vor.

Der Mittelwert (für Männer und Frauen) der sexuellen Zufriedenheit liegt bei 36,9198 bei einer Standardabweichung von 10,00.
Entgegen den Erwartungen besteht für die sexuelle Zufriedenheit
keine Normalverteilung (vgl. Abb. 1). Eine Erklärung für die vorliegende Linearität könnte in der Einstellung der Teilnehmer von „sozialer Erwünschtheit" gefunden werden. Daraus könnte man folgende Schlussfolgerungen ziehen: Wenn bei Christen tatsächlich eine
hohe sexuelle Zufriedenheit „erwünscht" ist, dann wird Sexualität
als etwas Positives und auf keinen Fall als „schlecht" oder „schmut-
zig" bewertet. Für die Annahme, dass Christen verklemmt und sexuell unzufrieden sind, liegen keine Hinweise vor. Es kann eher von der
gegenteiligen Annahme ausgegangen werden.

Insgesamt muss aber berücksichtigt werden, dass die Teilnehmer
dieser Studie möglicherweise doch nicht repräsentativ sind, also
sexuell zufriedene Ehepaare überdurchschnittlich repräsentiert sind.
Es lassen sich aber außer dem Ergebnis der sexuellen Zufriedenheit
keine weiteren Hinweise für die vorliegende Verzerrung finden (vgl.
z. B. Alter und Ehejahre). Außerdem ist die hohe Anzahl der absolu-

ten Teilnehmer ein Indiz für eine eher niedrige Irrtumswahrschein-
lichkeit.

Abbildung 1: Sexuelle Zufriedenheit

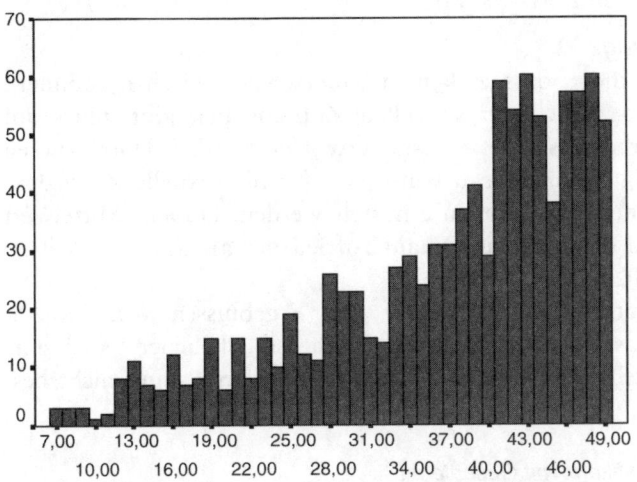

Tabelle 1: Verteilung der sexuellen Zufriedenheit

Sexuelle Zufriedenheit

N	Gültig	1022
	Fehlend	13
Mittelwert		36,9198
Median		40,0000
Standardabweichung		10,0024
Schiefe		-,924
Standardfehler der Schiefe		,077
Kurtosis		,027
Standardfehler der Kurtosis		,153
Minimum		7,00
Maximum		49,00

8.2 Unabhängige Variablen

Im Folgenden erfolgt die Angabe für Männer und Frauen in den
Häufigkeitstabellen überwiegend separat. Zu beachten ist, dass da-
gegen in den Verfahren zur Bestimmung des Signifikanzniveaus und

der Korrelation keine Unterscheidung zwischen Männern und Frauen erfolgt, sondern nur die Gesamtanzahl in der Berechnung berücksichtigt wird.

8.2.1 Hypothesen zur Demographie

Geschlecht (Frage 1)
Die Nullhypothese, dass es keinen Unterschied zwischen Männern und Frauen bezüglich der sexuellen Zufriedenheit gibt, muss auf Grund des Ergebnisses des t-Tests verworfen werden. Durch diesen konnte ein Signifikanzniveau von 0,001 für die sexuelle Zufriedenheit bei Männern und Frauen ermittelt werden. Frauen (Mittelwert 37,6289) sind demnach signifikant zufriedener als Männer (Mittelwert 35,4656).

Die Vermutung, basierend auf den Ergebnissen von TREECK (1995, 15), dass Männer neben einer höheren „ehelichen" auch eine höhere „sexuelle" Zufriedenheit aufweisen, konnte somit nicht bestätigt werden.

Tabelle 2: Signifikanz mit Geschlecht

	Geschlecht	N	Mittelwert	Standardabweichung	Standardfehler des Mittelwertes
Sexuelle Zufriedenheit	männlich	320	35,4656	10,2474	,5728
	weiblich	698	37,6289	9,7914	,3706

Alter und Ehejahre (Frage 2)
Die Überprüfung der Nullhypothese (dass das Alter der Ehepartner sowie die Dauer der Ehe keinen Einfluss auf die sexuelle Zufriedenheit haben) mittels Pearsons Korrelationskoeffizienten ergab für beide Variablen nur sehr schwache negative Korrelationen (-0,036 für Alter, -0,009 für Ehejahre; vgl. Tabellen 4 und 5). Signifikante Unterschiede konnten nicht ermittelt werden. Somit kann die Nullhypothese angenommen werden. Sowohl für die Angabe des Alters (Abb. 2) als auch der Ehejahre (Abb. 3) liegen Normalverteilungskurven vor. Bei beiden Normalverteilungskurven ist eine sehr geringe Rechtsschiefe zu beobachten.

Tabelle 3: Häufigkeit Alter und Ehejahre

		Alter	Ehejahre
N	Gültig	1033	1031
	Fehlend	2	4
Mittelwert		36,03	11,41
Median		35,00	10,00
Standardabweichung		6,70	6,67
Schiefe		1,078	,990
Standardfehler der Schiefe		,076	,076
Kurtosis		3,551	1,732
Standardfehler der Kurtosis		,152	,152
Minimum		21	1
Maximum		82	46

Abbildung 2: Verteilung Alter

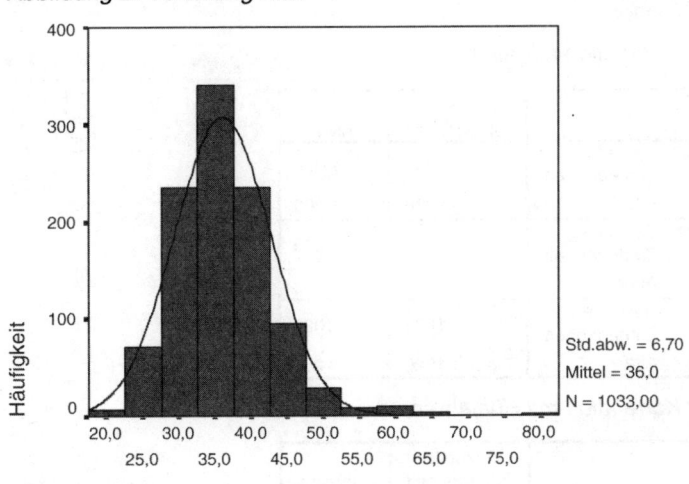

Std.abw. = 6,70
Mittel = 36,0
N = 1033,00

Abbildung 3: Verteilung Ehejahre

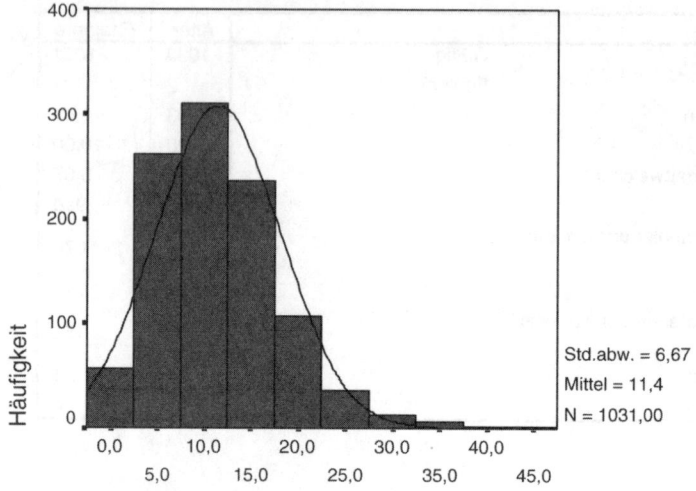

Ehejahre

Tabelle 4: Korrelation mit Alter

		Sexuelle Zufriedenheit	Alter
Korrelation nach Pearson	Sexuelle Zufriedenheit	1,000	-,036
	Alter	-,036	1,000
Signifikanz (2-seitig)	Sexuelle Zufriedenheit	,	,255
	Alter	,255	,
N	Sexuelle Zufriedenheit	1022	1020
	Alter	1020	1033

Tabelle 5: Korrelation mit Ehejahren

		Sexuelle Zufriedenheit	Ehejahre
Korrelation nach Pearson	Sexuelle Zufriedenheit	1,000	-,009
	Ehejahre	-,009	1,000
Signifikanz (2-seitig)	Sexuelle Zufriedenheit	,	,770
	Ehejahre	,770	,
N	Sexuelle Zufriedenheit	1022	1018
	Ehejahre	1018	1031

Wohnort (Frage 3)

Die Nullhypothese, dass die territorialen Unterschiede bezüglich der Herkunft der Testpersonen keine Bedeutung für die sexuelle Zufriedenheit haben, konnte mittels einer One-Way-ANOVA bestätigt werden. Ermittelt wurde ein Signifikanz-Wert von 0,417. Erwähnenswert ist der überdurchschnittliche Rücklauf von Teilnehmern aus Baden-Württemberg.

Tabelle 6: Häufigkeit Bundesland

		Anzahl	Spalten%
Bundesland / Land	Baden-Württemberg	251	24,3%
	Bayern	125	12,1%
	Berlin	15	1,5%
	Brandenburg	16	1,5%
	Bremen	4	,4%
	Hamburg	10	1,0%
	Hessen	121	11,7%
	Mecklenburg-Vorpommern	6	,6%
	Niedersachsen	69	6,7%
	Nordrhein-Westfalen	117	11,3%
	Rheinland-Pfalz	45	4,4%
	Saarland	1	,1%
	Sachsen	85	8,2%
	Sachsen-Anhalt	16	1,5%
	Schleswig-Holstein	25	2,4%
	Thüringen	5	,5%
	Österreich	16	1,5%
	Schweiz	95	9,2%
	anderes Land	11	1,1%

8.2.2 Hypothesen zur Religiosität

Welcher Glaubensrichtung fühlen Sie sich zugehörig? (Frage 4)

Bei der Überprüfung der Nullhypothese: „die persönliche Glaubensrichtung hat keinen Einfluss auf die sexuelle Zufriedenheit" mittels einer One-Way-ANOVA konnte die Hypothese nicht widerlegt werden. Es liegt ein Signifikanzniveau von 0,08 vor. In einem Post-Hoc-Verfahren mittels LSD-Test (Least Significant Difference-Test) konnten für die einzelnen Gruppen signifikante Unterschiede auf dem Signifikanzniveau von 0,05 für Christen mit charismatischer Glaubensrichtung gegenüber Christen mit evangelisch-landeskirchlicher, katholischer und freikirchlicher Glaubensrichtung ermittelt werden. Christen mit charismatischer Glaubensrichtung weisen demnach eine geringfügig höhere sexuelle Zufriedenheit auf.

Tabelle 7: Häufigkeit Glaubensrichtung

Konfession	evangelisch	386
	katholisch	66
	freikirchlich	381
	charismatisch	168
	andere christlich	21
	nicht christlich / keine	4

Tabelle 8: Signifikanz mit Glaubensrichtung

		Quadratsumme	df	Mittel der Quadrate	F	Signifikanz
Sexuelle Zufriedenheit	Zwischen den Gruppen	983,774	5	196,755	1,975	,080
	Innerhalb der Gruppen	100320,240	1007	99,623		
	Gesamt	101304,014	1012			

Tabelle 9: Posthoc Test für Glaubensrichtung

Abhängige Variable: Sexuelle Zufriedenheit
LSD

(I) Konfession	(J) Konfession	Mittlere Differenz (I-J)	Standardfehler	Signifikanz	95%-Konfidenzintervall Untergrenze	Obergrenze
evangelisch	katholisch	1,6785	1,339	,210	-,9484	4,3055
	freikirchlich	,2322	,725	,749	-1,1898	1,6541
	charismatisch	-2,0706*	,931	,026	-3,8977	-,2436
	andere christlich	-,6577	2,237	,769	-5,0471	3,7316
	nicht christlich / keine	-4,9792	5,016	,321	-14,8231	4,8648
katholisch	evangelisch	-1,6785	1,339	,210	-4,3055	,9484
	freikirchlich	-1,4464	1,341	,281	-4,0779	1,1851
	charismatisch	-3,7492*	1,463	,011	-6,6199	-,8784
	andere christlich	-2,3363	2,505	,351	-7,2525	2,5800
	nicht christlich / keine	-6,6577	5,142	,196	-16,7476	3,4322
freikirchlich	evangelisch	-,2322	,725	,749	-1,6541	1,1898
	katholisch	1,4464	1,341	,281	-1,1851	4,0779
	charismatisch	-2,3028*	,934	,014	-4,1364	-,4692
	andere christlich	-,8899	2,238	,691	-5,2820	3,5022
	nicht christlich / keine	-5,2113	5,017	,299	-15,0565	4,6339
charismatisch	evangelisch	2,0706*	,931	,026	,2436	3,8977
	katholisch	3,7492*	1,463	,011	,8784	6,6199
	freikirchlich	2,3028*	,934	,014	,4692	4,1364
	andere christlich	1,4129	2,313	,541	-3,1266	5,9524
	nicht christlich / keine	-2,9085	5,051	,565	-12,8203	7,0033
andere christlich	evangelisch	,6577	2,237	,769	-3,7316	5,0471
	katholisch	2,3363	2,505	,351	-2,5800	7,2525
	freikirchlich	,8899	2,238	,691	-3,5022	5,2820
	charismatisch	-1,4129	2,313	,541	-5,9524	3,1266
	nicht christlich / keine	-4,3214	5,445	,428	-15,0066	6,3637
nicht christlich / keine	evangelisch	4,9792	5,016	,321	-4,8648	14,8231
	katholisch	6,6577	5,142	,196	-3,4322	16,7476
	freikirchlich	5,2113	5,017	,299	-4,6339	15,0565
	charismatisch	2,9085	5,051	,565	-7,0033	12,8203
	andere christlich	4,3214	5,445	,428	-6,3637	15,0066

*. Die mittlere Differenz ist auf der Stufe .05 signifikant.

Wie wurden Sie erzogen? (Frage 5)

Die Nullhypothese, dass der Erziehungsstil keinen Einfluss auf eine spätere eheliche sexuelle Zufriedenheit hat, konnte mit einer One-Way-ANOVA widerlegt werden. Das ermittelte Ergebnis basiert auf dem hochsignifikanten Unterschied von 0,01. In einem LSD-Test konnte dabei eine signifikant höhere sexuelle Zufriedenheit bei den Personen nachgewiesen werden, die freizügig oder gemäßigt versus streng/konservativ erzogen wurden. Bei einem Vergleich zwischen freizügigen und gemäßigten Erziehungsstilen konnten keine signifikanten Unterschiede ermittelt werden.

Tabelle 10: Häufigkeit Erziehungsstil

| | | Geschlecht | | | | Gesamt | |
| | | männlich | | weiblich | | | |
		Anzahl	Spalten%	Anzahl	Spalten%	Anzahl	Spalten%
Wie wurden Sie erzogen?	freizügig	9	2,8%	57	8,1%	66	6,5%
	gemäßigt	179	56,1%	369	52,6%	548	53,7%
	streng / konservativ	131	41,1%	276	39,3%	407	39,9%
Gesamt		319	100,0%	702	100,0%	1021	100,0%

Tabelle 11: Signifikanz mit Erziehungsstil

		Quadratsumme	df	Mittel der Quadrate	F	Signifikanz
Sexuelle Zufriedenheit	Zwischen den Gruppen	910,683	2	455,341	4,580	,010
	Innerhalb der Gruppen	100213,171	1008	99,418		
	Gesamt	101123,854	1010			

Tabelle 12: Posthoc Test für Erziehungsstil

Abhängige Variable: Sexuelle Zufriedenheit
LSD

| (I) Wie wurden Sie erzogen? | (J) Wie wurden Sie erzogen? | Mittlere Differenz (I-J) | Standardfehler | Signifikanz | 95%-Konfidenzintervall | |
					Untergrenze	Obergrenze
freizügig	gemäßigt	1,1772	1,309	,369	-1,3913	3,7457
	streng / konservativ	2,9003*	1,332	,030	,2859	5,5147
gemäßigt	freizügig	-1,1772	1,309	,369	-3,7457	1,3913
	streng / konservativ	1,7231*	,655	,009	,4374	3,0087
streng / konservativ	freizügig	-2,9003*	1,332	,030	-5,5147	-,2859
	gemäßigt	-1,7231*	,655	,009	-3,0087	-,4374

*. Die mittlere Differenz ist auf der Stufe .05 signifikant.

Wie oft nehmen Sie am Gottesdienst teil? (Frage 6)

Nach Überprüfung der Nullhypothese mittels Spearmanschen Rangkorrelationskoeffizienten konnte kein Zusammenhang zwischen der Häufigkeit des Gottesdienstbesuches des Einzelnen und der sexuellen

Zufriedenheit festgestellt werden. Das Signifikanzniveau beträgt 0,145.

Tabelle 13: Häufigkeit Gottesdienstbesuch

		Geschlecht				Gesamt	
		männlich		weiblich			
		Anzahl	Spalten%	Anzahl	Spalten%	Anzahl	Spalten%
Wie oft nehmen Sie am Gottesdienst teil?	seltener	17	5,3%	44	6,3%	61	6,0%
	monatlich	33	10,3%	64	9,1%	97	9,5%
	2-3 mal monatlich	71	22,2%	166	23,7%	237	23,2%
	wöchentlich	199	62,2%	427	60,9%	626	61,3%
Gesamt		320	100,0%	701	100,0%	1021	100,0%

8.2.3 Hypothesen zu Sexualität/Sexualverhalten

Waren Sie vor dieser Ehe schon einmal verheiratet? (Frage 7)
Die Nullhypothese: „In der Vergangenheit erlebte Ehen, im Sinne von gewonnenen sexuellen Fremderfahrungen, haben keinen Einfluss auf die sexuelle Zufriedenheit in der derzeitigen Ehe" kann nach Prüfung mit einer One-Way-ANOVA bei einer Signifikanz von 0,057 weiterhin angenommen werden. Zu berücksichtigen ist dabei aber die geringe Differenz des Wertes zum Signifikanzniveau von 0,05. Im LSD-Test weist die Personengruppe, die schon zweimal verheiratet war, eine geringere sexuelle Zufriedenheit gegenüber den Gruppen auf, die noch nicht oder nur einmal verheiratet waren. Die Signifikanz beläuft sich dabei auf einem Niveau von 0,046 bzw. 0,020. Erwähnenswert ist der hohe Prozentsatz der Personengruppe, die vor ihrer derzeitigen Ehe noch nicht verheiratet waren (97,4%).

Tabelle 14: Häufigkeit Eheerfahrung

		Geschlecht				Gesamt	
		männlich		weiblich			
		Anzahl	Spalten%	Anzahl	Spalten%	Anzahl	Spalten%
Vor dieser Ehe verheiratet?	nein	305	95,3%	687	98,3%	992	97,4%
	ja, einmal	15	4,7%	10	1,4%	25	2,5%
	ja, 2 mal			2	,3%	2	,2%
Gesamt		320	100,0%	699	100,0%	1019	100,0%

Tabelle 15: Signifikanz mit Eheerfahrung

		Quadratsumme	df	Mittel der Quadrate	F	Signifikanz
Sexuelle Zufriedenheit	Zwischen den Gruppen	574,246	2	287,123	2,874	,057
	Innerhalb der Gruppen	100718,640	1008	99,919		
	Gesamt	101292,886	1010			

Tabelle 16: Posthoc Test für Eheerfahrung

Abhängige Variable: Sexuelle Zufriedenheit
LSD

(I) Vor dieser Ehe verheiratet?	(J) Vor dieser Ehe verheiratet?	Mittlere Differenz (I-J)	Standardfehler	Signifikanz	95%-Konfidenzintervall Untergrenze	Obergrenze
nein	ja, einmal	-2,6563	2,024	,190	-6,6289	1,3163
	ja, 2 mal	11,5303*	5,780	,046	,1882	22,8725
ja, einmal	nein	2,6563	2,024	,190	-1,3163	6,6289
	ja, 2 mal	14,1867*	6,108	,020	2,2015	26,1718
ja, 2 mal	nein	-11,5303*	5,780	,046	-22,8725	-,1882
	ja, einmal	-14,1867*	6,108	,020	-26,1718	-2,2015

*. Die mittlere Differenz ist auf der Stufe .05 signifikant.

Wie sehen Sie Ihre Einstellung zur Sexualität? (Frage 8)

Die Nullhypothese, dass die eigene Einstellung zur Sexualität keine Bedeutung auf die erlebte sexuelle Zufriedenheit hat, konnte mit einer One-Way-ANOVA auf einem Signifikanzniveau von 0,014 widerlegt werden. Der LSD-Test weist eine höhere sexuelle Zufriedenheit bei freizügig eingestellten Personen gegenüber gemäßigt und konservativ eingestellten Personen auf einem Signifikanzniveau von 0,019 bzw. 0,006 nach. Signifikante Unterschiede zwischen den gemäßigt und konservativ eingestellten Personen konnten nicht ermittelt werden.

Tabelle 17: Häufigkeit Einstellung

| | | Geschlecht | | | | Gesamt | |
| | | männlich | | weiblich | | | |
		Anzahl	Spalten%	Anzahl	Spalten%	Anzahl	Spalten%
Einstellung zur Sexualität	freizügig	70	22,4%	143	20,8%	213	21,3%
	gemäßigt	206	65,8%	432	62,9%	638	63,8%
	konservativ	37	11,8%	112	16,3%	149	14,9%
Gesamt		313	100,0%	687	100,0%	1000	100,0%

Tabelle 18: Signifikanz mit Einstellung

		Quadratsumme	df	Mittel der Quadrate	F	Signifikanz
Sexuelle Zufriedenheit	Zwischen den Gruppen	847,056	2	423,528	4,262	,014
	Innerhalb der Gruppen	98377,677	990	99,371		
	Gesamt	99224,733	992			

Tabelle 19: Posthoc Test für Einstellung

Abhängige Variable: Sexuelle Zufriedenheit

LSD

| (I) Einstellung zur Sexualität | (J) Einstellung zur Sexualität | Mittlere Differenz (I-J) | Standardfehler | Signifikanz | 95%-Konfidenzintervall | |
					Untergrenze	Obergrenze
freizügig	gemäßigt	1,8537*	,791	,019	,3008	3,4066
	konservativ	2,9270*	1,064	,006	,8398	5,0141
gemäßigt	freizügig	-1,8537*	,791	,019	-3,4066	-,3008
	konservativ	1,0733	,906	,236	-,7036	2,8503
konservativ	freizügig	-2,9270*	1,064	,006	-5,0141	-,8398
	gemäßigt	-1,0733	,906	,236	-2,8503	,7036

*. Die mittlere Differenz ist auf der Stufe .05 signifikant.

Hatten Sie jemals vorehelichen Geschlechtsverkehr? *(Frage 9)*

Die Prüfung der Nullhypothese: „Die Tatsache, ob die ersten sexuellen Erfahrungen mit früheren Partnern, mit dem späteren Ehepartner oder erst in der Ehe gemacht wurden, hat keinen Einfluss auf die sexuelle Zufriedenheit der derzeitigen Ehe" hat diese Hypothese bestätigt. Bei einem Signifikanzniveau von 0,705 mit One-Way-ANOVA und keinen signifikanten Unterschieden mittels LSD-Test muss angenommen werden, dass voreheliche sexuelle Erfahrungen keine Bedeutung hinsichtlich der sexuellen Zufriedenheit besitzen.

Bemerkenswert ist dabei, dass „nur" 43,2% aller Testpersonen (43,5% der Männer und 43,1% der Frauen) keinen vorehelichen Geschlechtsverkehr hatten.

Tabelle 20: Häufigkeit vorehelicher Geschlechtsverkehr

| | | Geschlecht | | | | Gesamt | |
| | | männlich | | weiblich | | | |
		Anzahl	Spalten%	Anzahl	Spalten%	Anzahl	Spalten%
hatten Sie jemals vorehelichen Geschlechtsverkehr	nein	140	43,5%	301	43,1%	441	43,2%
	mit späterem Ehepartner	102	31,7%	226	32,4%	328	32,2%
	mit anderm Partner	42	13,0%	80	11,5%	122	12,0%
	mit mehr als einem Partner	38	11,8%	91	13,0%	129	12,6%

Tabelle 21: Signifikanz mit vorehelichem Geschlechtsverkehr

		Quadratsumme	df	Mittel der Quadrate	F	Signifikanz
Sexuelle Zufriedenheit	Zwischen den Gruppen	140,335	3	46,778	,468	,705
	Innerhalb der Gruppen	100752,934	1008	99,953		
	Gesamt	100893,269	1011			

Tabelle 22: Posthoc Test für vorehelichen Geschlechtsverkehr

Abhängige Variable: Sexuelle Zufriedenheit
LSD

(I) hatten Sie jemals vorehelichen Geschlechtsverkehr	(J) hatten Sie jemal vorehelichen Geschlechtsverkeh	Mittlere Differenz (I-J)	Standardfehler	Signifikanz	95%-Konfidenzintervall	
					Untergrenze	Obergrenze
nein	mit späterem Ehepartner	,2978	,732	,684	-1,1381	1,7337
	mit anderm Partner	,2308	1,024	,822	-1,7791	2,2407
	mit mehr als einem Partner	1,1894	1,005	,237	-,7833	3,1622
mit späterem Ehepartner	nein	-,2978	,732	,684	-1,7337	1,1381
	mit anderm Partner	6,70E-02	1,061	,950	-2,1483	2,0143
	mit mehr als einem Partner	,8916	1,042	,393	-1,1539	2,9371
mit anderm Partner	nein	-,2308	1,024	,822	-2,2407	1,7791
	mit späterem Ehepartner	,703E-02	1,061	,950	-2,0143	2,1483
	mit mehr als einem Partner	,9586	1,265	,449	-1,5237	3,4409
mit mehr als einem Partner	nein	-1,1894	1,005	,237	-3,1622	,7833
	mit späterem Ehepartner	-,8916	1,042	,393	-2,9371	1,1539
	mit anderm Partner	-,9586	1,265	,449	-3,4409	1,5237

Sind Sie jemals sexuell missbraucht oder vergewaltigt worden?
(Frage 10)
Durch Überprüfung der Nullhypothese („Sexuelle Missbrauchserfahrungen haben keine bleibende Bedeutung auf die sexuelle Zufriedenheit.") durch einen t-Test konnte eine hochsignifikant (0,003)
höhere sexuelle Zufriedenheit bei den Personen nachgewiesen werden, die keine sexuellen Missbrauchserfahrungen nennen.

Tabelle 23: Häufigkeit Missbrauch

		Geschlecht				Gesamt	
		männlich		weiblich			
		Anzahl	Spalten%	Anzahl	Spalten%	Anzahl	Spalten%
Sexueller Missbrauch oder Vergewaltigung?	ja	12	3,7%	100	14,4%	112	11,0%
	nein	309	96,3%	594	85,6%	903	89,0%
Gesamt		321	100,0%	694	100,0%	1015	100,0%

Tabelle 24: Signifikanz mit Missbrauch

	Sind Sie jemals sexuell	N	Mittelwert	Standardabweichung	Standardfehler des Mittelwertes
Sexuelle Zufriedenheit	ja	112	34,2946	11,0524	1,0444
	nein	894	37,2908	9,7328	,3255

Hatten Sie jemals eine außereheliche Beziehung? (Frage 11)

Die Prüfung der Nullhypothese: „Außereheliche Beziehungen – egal in welcher Form und Intensität – haben keinen Einfluss auf die sexuelle Zufriedenheit in der Ehe" ergab mittels One-Way-ANOVA ein Signifikanzniveau von 0,000. Somit kann die Nullhypothese verworfen werden.

Der LSD-Test weist dabei ein Signifikanzniveau von 0,000 zwischen „absoluter" Treue versus gedanklicher, einmaliger und mehrmaliger Untreue sowie gedanklicher versus mehrmaliger Untreue auf. Der Unterschied zwischen einmaliger und mehrmaliger Untreue entspricht einem Signifikanz-Wert von 0,007. Allein zwischen gedanklicher und einmaliger Untreue besteht kein signifikanter Unterschied (Vergleiche auch Tabelle 27.).

Tabelle 25: Häufigkeit Untreue

		Geschlecht				Gesamt	
		männlich		weiblich			
		Anzahl	Spalten%	Anzahl	Spalten%	Anzahl	Spalten%
Hatten Sie jemals eine außereheliche Beziehung?	nie	195	60,6%	503	71,8%	698	68,2%
	nur in Gedanken	105	32,6%	151	21,5%	256	25,0%
	1 mal	13	4,0%	36	5,1%	49	4,8%
	mehrmals	9	2,8%	11	1,6%	20	2,0%

Tabelle 26: Signifikanz mit Untreue

		Quadratsumme	df	Mittel der Quadrate	F	Signifikanz
Sexuelle Zufriedenheit	Zwischen den Gruppen	7935,525	3	2645,175	28,775	,000
	Innerhalb der Gruppen	92754,680	1009	91,927		
	Gesamt	100690,205	1012			

Tabelle 27: Posthoc Test für Untreue

Abhängige Variable: Sexuelle Zufriedenheit
LSD

(I) Hatten Sie jemals eine außereheliche Beziehung?	(J) Hatten Sie jemals eine außereheliche Beziehung?	Mittlere Differenz (I-J)	Standardfehler	Signifikanz	95%-Konfidenzintervall	
					Untergrenze	Obergrenze
nie	nur in Gedanken	4,8392*	,702	,000	3,4623	6,2160
	1 mal	6,1361*	1,431	,000	3,3275	8,9446
	mehrmals	13,1196*	2,230	,000	8,7442	17,4950
nur in Gedanken	nie	-4,8392*	,702	,000	-6,2160	-3,4623
	1 mal	1,2969	1,508	,390	-1,6624	4,2562
	mehrmals	8,2804*	2,280	,000	3,8068	12,7541
1 mal	nie	-6,1361*	1,431	,000	-8,9446	-3,3275
	nur in Gedanken	-1,2969	1,508	,390	-4,2562	1,6624
	mehrmals	6,9836*	2,599	,007	1,8840	12,0831
mehrmals	nie	-13,1196*	2,230	,000	-17,4950	-8,7442
	nur in Gedanken	-8,2804*	2,280	,000	-12,7541	-3,8068
	1 mal	-6,9836*	2,599	,007	-12,0831	-1,8840

*. Die mittlere Differenz ist auf der Stufe .05 signifikant.

Wie verhüten Sie? (Frage 14)

Die Überprüfung der Nullhypothese („die Art der Verhütung hat keinen Einfluss auf die sexuelle Zufriedenheit") mittels One-Way-ANOVA ergab einen Signifikanz-Wert von 0,001. Somit konnte die Nullhypothese widerlegt werden. Der LSD-Test weist für die Personengruppen, die mit Pille bzw. gar nicht verhüten, z.T. signifikant niedrigere Werte für die sexuelle Zufriedenheit auf. Auffällig ist, dass die Testpersonen, die „andere Methoden" angeben, höhere Werte für sexuelle Zufriedenheit erzielen als alle anderen Gruppen.

An diesem Ergebnis lässt sich erkennen, dass die Fragestellung zu undifferenziert erfolgte, insbesondere in Hinsicht auf die Antwortmöglichkeit „andere Methoden".

Tabelle 28: Häufigkeit Verhütung

Wie verhüten Sie?	Pille	129
	Spirale	51
	Kondom / Diaphragma	374
	natürliche Methoden	96
	andere Methoden	228
	gar nicht	129
Gesamt		1007

Tabelle 29: Signifikanz mit Verhütung

		Quadratsumme	df	Mittel der Quadrate	F	Signifikanz
Sexuelle Zufriedenheit	Zwischen den Gruppen	1993,778	5	398,756	4,017	,001
	Innerhalb der Gruppen	98084,499	988	99,276		
	Gesamt	100078,278	993			

Welche Sexualpraktiken gehören zu Ihrer Ehe? (Frage 16)

Bei der Prüfung der Nullhypothese (dass der Einsatz und die Häufigkeit der verschiedenen Sexualpraktiken keinen Einfluss auf die sexuelle Zufriedenheit haben) mittels linearer Regressionsanalyse konnte für Geschlechtsverkehr, orale Praktiken sowie für Selbstbefriedigung ein Signifikanzniveau von <0,001 nachgewiesen werden. Dabei muss berücksichtigt werden, dass der Beta-Koeffizient für Selbstbefriedigung einen negativen Wert aufweist. Für manuelle Befriedigung und erotische Medien wurden signifikante Unterschiede auf dem Niveau von 0,035 bzw. 0,016 ermittelt.

Tabelle 30: Häufigkeit Sexualpraktiken

		Geschlecht				Gesamt	
		männlich		weiblich			
		Anzahl	Spalten%	Anzahl	Spalten%	Anzahl	Spalten%
Geschlechtsverkehr	nie			3	,4%	3	,3%
	selten	50	15,5%	62	9,0%	112	11,1%
	häufig	44	13,7%	97	14,0%	141	13,9%
	regelmäßig	228	70,8%	529	76,6%	757	74,7%
manuelle	nie	20	6,3%	61	9,1%	81	8,2%
Befriedigung	1x probiert	10	3,2%	22	3,3%	32	3,2%
	selten	156	49,5%	303	45,0%	459	46,4%
	häufig	90	28,6%	175	26,0%	265	26,8%
	regelmäßig	39	12,4%	113	16,8%	152	15,4%
orale Praktiken	nie	73	23,4%	127	19,2%	200	20,5%
	1x probiert	28	9,0%	47	7,1%	75	7,7%
	selten	128	41,0%	286	43,2%	414	42,5%
	häufig	66	21,2%	143	21,6%	209	21,5%
	regelmäßig	17	5,4%	59	8,9%	76	7,8%
analer Verkehr	nie	269	86,8%	509	79,9%	778	82,2%
	1x probiert	19	6,1%	59	9,3%	78	8,2%
	selten	17	5,5%	56	8,8%	73	7,7%
	häufig	4	1,3%	8	1,3%	12	1,3%
	regelmäßig	1	,3%	5	,8%	6	,6%
erotische Medien	nie	174	55,9%	377	58,7%	551	57,8%
	1x probiert	26	8,4%	56	8,7%	82	8,6%
	selten	91	29,3%	179	27,9%	270	28,3%
	häufig	18	5,8%	25	3,9%	43	4,5%
	regelmäßig	2	,6%	5	,8%	7	,7%
Einsatz von	nie	253	82,7%	539	83,8%	792	83,5%
Pornographie	1x probiert	17	5,6%	42	6,5%	59	6,2%
	selten	30	9,8%	59	9,2%	89	9,4%
	häufig	5	1,6%	2	,3%	7	,7%
	regelmäßig	1	,3%	1	,2%	2	,2%
Selbstbefriedigung	nie	58	18,6%	233	35,5%	291	30,1%
	1x probiert	9	2,9%	44	6,7%	53	5,5%
	selten	154	49,5%	308	46,9%	462	47,7%
	häufig	61	19,6%	43	6,5%	104	10,7%
	regelmäßig	29	9,3%	29	4,4%	58	6,0%

Tabelle 31: Signifikanz mit Sexualpraktiken

Koeffizienten

Modell		Nicht standardisierte Koeffizienten		Standardisierte Koeffizienten	T	Signifikanz
		B	Standardfehler	Beta		
1	(Konstante)	6,174	2,185		2,825	,005
	Geschlechtsverkehr	6,418	,407	,457	15,758	,000
	manuelle Befriedigung	,574	,272	,061	2,113	,035
	orale Praktiken	,978	,259	,116	3,778	,000
	analer Verkehr	-,117	,405	-,009	-,288	,773
	erotische Medien	,765	,316	,079	2,418	,016
	Einsatz von Pornographie	-,342	,498	-,023	-,688	,492
	Selbstbefriedigung	-1,771	,248	-,211	-7,130	,000

a. Abhängige Variable

Wie häufig haben Sie sexuellen Verkehr mit Ihrem Partner? (Frage 17)
Die Überprüfung der Nullhypothese: „Die Häufigkeit des sexuellen Verkehrs hat keinen Einfluss auf die sexuelle Zufriedenheit in der Ehe" mittels Spearmans Rangkorrelationskoeffizienten ergab eine hochsignifikante Korrelation von 0,000. Damit kann die Nullhypothese verworfen werden.

In einem Streudiagramm (Abb. 4) wird ersichtlich, dass vor allem die Personengruppe, die selten (einmal im Monat) sexuellen Verkehr hat, nur eine geringe oder mittlere sexuelle Zufriedenheit aufweist. Für die anderen Gruppen lässt sich folgende Tendenz beschreiben: Mit steigender Frequenz des sexuellen Verkehrs nimmt die Streuung für die sexuelle Zufriedenheit zu Gunsten einer größeren sexuellen Zufriedenheit zu. Zu berücksichtigen ist dabei, dass für die Personengruppen mit Geschlechtsverkehr „täglich" und „mehrmals täglich" nur sehr wenige Datensätze zur Verfügung stehen.

Tabelle 32: Häufigkeit Frequenz Geschlechtsverkehr

| | | Geschlecht | | | | Gesamt | |
| | | männlich | | weiblich | | | |
		Anzahl	Spalten%	Anzahl	Spalten%	Anzahl	Spalten%
Wie häufig haben Sie sexuellen Verkehr mit Ihrem Partner?	max. 1x im Monat	35	11,1%	49	7,1%	84	8,3%
	2-4x im Monat	147	46,7%	335	48,5%	482	47,9%
	2-3x pro Woche	122	38,7%	274	39,7%	396	39,4%
	4-6x pro Woche	8	2,5%	26	3,8%	34	3,4%
	täglich	2	,6%	7	1,0%	9	,9%
	mehrmals täglich	1	,3%			1	,1%
Gesamt		315	100,0%	691	100,0%	1006	100,0%

Tabelle 33: Korrelation mit Frequenz Geschlechtsverkehr

			Sexuelle Zufriedenheit	Wie häufig haben Sie sexuellen Verkehr mit Ihrem Partner?
Spearman-Rho	Korrelationskoeffizient	Sexuelle Zufriedenheit	1,000	,467**
		Wie häufig haben Sie sexuellen Verkehr mit Ihrem Partner?	,467**	1,000
	Sig. (2-seitig)	Sexuelle Zufriedenheit	,	,000
		Wie häufig haben Sie sexuellen Verkehr mit Ihrem Partner?	,000	,
	N	Sexuelle Zufriedenheit	1022	997
		Wie häufig haben Sie sexuellen Verkehr mit Ihrem Partner?	997	1010

**. Korrelation ist auf dem Niveau von 0,01 signifikant (2-seitig).

Abbildung 4: Streudiagramm Frequenz Geschlechtsverkehr

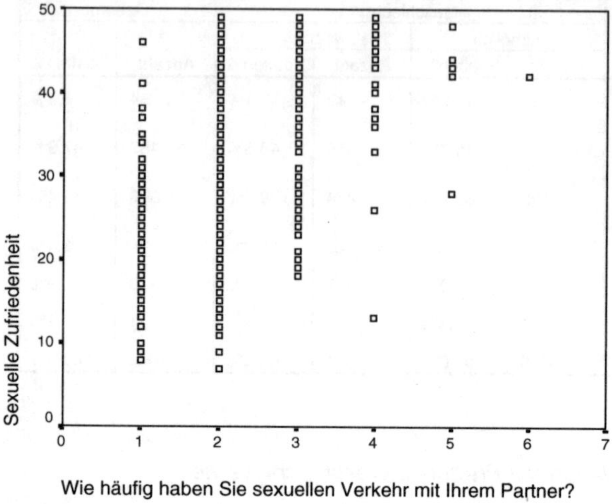
Sexuelle Zufriedenheit
0
10
20
30
40
50
0
1
2
3
4
5
6
7
Wie häufig haben Sie sexuellen Verkehr mit Ihrem Partner?

8.3 Sonstige Fragen

Welche Informationsquellen über Sexualität waren oder sind Ihnen wichtig? (Frage 12)

Mit diesem Item soll untersucht werden, wie die Einstellung zu den unterschiedlichen Aufklärungs- und Informationsquellen ist. Wie werden die einzelnen Medien auf ihre Bedeutung bezüglich des Informationsgehaltes bewertet und benutzt? Besitzen christlich orientierte Informationsquellen tatsächlich eine so große Bedeutung oder spielen „säkulare" Informationsquellen eine viel größere Rolle, als man annimmt? Vermutet wird ein hoher Prozentsatz an Aufklärung und Information durch Eltern.

Anhand der vorliegenden Daten in Tabelle 34 kann davon ausgegangen werden, dass christliche Literatur eine sehr große Bedeutung für den Bereich Aufklärung und Information bezüglich Sexualerziehung/Sexualität besitzt. Bemerkenswert sind hingegen die relativ niedrigen Angaben für Informationsquellen für den Bereich Schule/Lehrer und vor allem für Eltern.

Tabelle 36: Häufigkeit Informationsquellen

Eltern	1	242
andere Bücher	1	360
erotische Medien	1	137
Pornographie	1	37
andere	1	58
Geschwister	1	100
andere Verwandte	1	18
Freunde / Bekannte	1	489
Kirche / Gemeinde	1	215
Lehrer	1	88
Medien (TV, BRAVO)	1	222
christl. Bücher	1	775
FAMILY	1	701

Im Laufe der Ehe: ... (Frage 13)
- ... ist meine sexuelle Zufriedenheit gestiegen / gleich geblieben / gesunken
- ... ist unsere Offenheit über Sex zu reden gestiegen / gleich geblieben / gesunken
- ... ist unsere sexuelle Aktivität gestiegen / gleich geblieben / gesunken

Mit diesem Item soll geprüft werden, inwieweit die drei o. g. Variablen im Zusammenhang stehen. Angenommen wird, dass Offenheit über Sex zu reden und sexuelle Zufriedenheit korrelieren. Es liegt die Vermutung nahe, dass im Verlauf der Ehe die Offenheit über Sex zu reden und die sexuelle Zufriedenheit steigt, unabhängig von der sexuellen Aktivität. Dieses Ergebnis würde überwiegend die Aussagen der Literatur bestätigen, die von einem Entwicklungsprozess bezüglich der Kommunikation und der sexuellen Zufriedenheit ausgehen.

Betrachtet man die Entwicklung der sexuellen Zufriedenheit sowie der Offenheit, über Sexualität zu reden (Abbildungen 5 und 6), kann davon ausgegangen werden, dass beide Faktoren in einem engen Zusammenhang stehen. Außerdem können die genannten Faktoren überwiegend als dynamische Prozesse beschrieben werden. So gibt die überwiegende Anzahl von Personen an, dass ihre sexuelle Zufriedenheit gestiegen ist (62,6%). Ein Sinken ihrer sexuellen Zufriedenheit nennen 16,9%. Keine Veränderung der sexuellen Zufriedenheit geben 20,5% der Testpersonen an.

Keinen Einfluss scheint der Faktor der sexuellen Aktivität (Abb. 7) auf die sexuelle Zufriedenheit sowie die sexuelle Offenheit auszuüben. Im Gegenteil, es kann von einer schwachen negativen Korrelation ausgegangen werden.

Tabelle 35: Gültige Datensätze

	N	
	Gültig	Fehlend
sexuelle Zufriedenheit	1019	16
Offenheit über Sex zu reden	1017	18
sexuelle Aktivität	1005	30

Tabelle 36: Häufigkeit Entwicklung

		Geschlecht				Gesamt	
		männlich		weiblich			
		Anzahl	Spalten%	Anzahl	Spalten%	Anzahl	Spalten%
sexuelle Zufriedenheit	gesunken	72	22,5%	100	14,4%	172	16,9%
	gleich geblieben	70	21,9%	138	19,9%	208	20,5%
	gestiegen	178	55,6%	457	65,8%	635	62,6%
Offenheit über Sex zu reden	gesunken	20	6,3%	36	5,2%	56	5,5%
	gleich geblieben	108	34,0%	231	33,2%	339	33,5%
	gestiegen	190	59,7%	428	61,6%	618	61,0%
sexuelle Aktivität	gesunken	120	37,7%	235	34,4%	355	35,4%
	gleich geblieben	117	36,8%	233	34,1%	350	34,9%
	gestiegen	81	25,5%	216	31,6%	297	29,6%

Abbildung 5: Entwicklung sexuelle Zufriedenheit

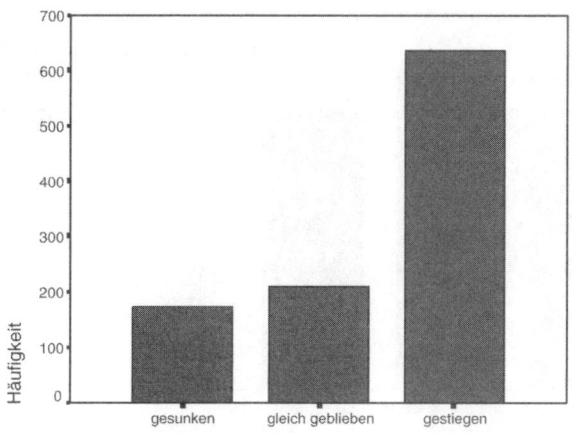

Abbildung 6: Entwicklung Offenheit

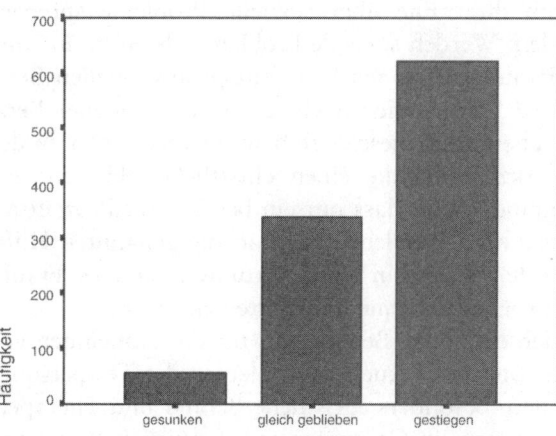

Abbildung 7: Entwicklung sexuelle Aktivität

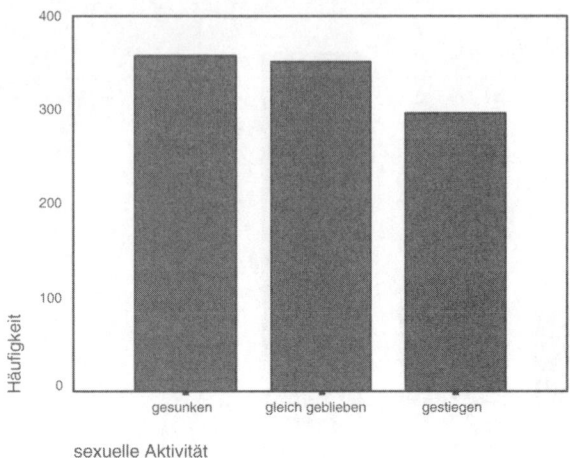

Wenn Sie sexuelle Probleme hätten, an wen würden Sie sich wenden?
(Frage15)

Mit dieser Frage soll untersucht werden, ob und inwieweit Paare überhaupt außerhalb ihrer Ehe über sexuelle Probleme sprechen bzw. sprechen würden. Werden sexuelle Probleme als zu intim empfunden, um mit vertrauten Personen bzw. mit professionellen Beratern darüber zu reden? Werden die verschiedenen vorhandenen Beratungs-Angebote gleichermaßen geschätzt bzw. genutzt, oder finden nur die Angebote Akzeptanz, die einen christlichen Hintergrund aufweisen? Angenommen wird, dass nur ein bestimmter Prozentsatz der Ehepaare mit sexuellen Problemen sich an die genannten Hilfe-Stellen wenden würde. Weiterhin wird vermutet, dass es Frauen leichter fällt, über sexuelle Probleme mit Dritten zu reden.

Insgesamt lässt sich eine hohe Bereitschaft für das Annehmen von externen Hilfe-Angeboten bei sexuellen Problemen der Testpersonen in Tabelle 37 erkennen. Besonders christliche Berater und Therapeuten werden häufig genannt, im Gegensatz zu öffentlichen Beratungsstellen (ohne christlichen Hintergrund). Freunde und Bekannte spielen ebenfalls eine große Rolle bei der Bewältigung von Konflikten. Frauen nennen dieses Angebot häufiger als Männer. Relativ klein ist die Personengruppe, die über sexuelle Probleme außerhalb ihrer Ehe überhaupt nicht sprechen würde.

Tabelle 39: Häufigkeit Hilfeangebote

| | Geschlecht | | | | Gesamt | |
| | männlich | | weiblich | | | |
	Anzahl	Zeilen%	Anzahl	Zeilen%	Anzahl	Zeilen%
Arzt des Vertrauens ja	85	28,2%	216	71,8%	301	100,0%
Freunde, Bekannte, Verw ja	112	25,9%	321	74,1%	433	100,0%
öffentliche Beratungsstell ja	32	35,2%	59	64,8%	91	100,0%
Pastor / Seelsorger ja	74	37,9%	121	62,1%	195	100,0%
christl. Therapeut / Berate ja	173	32,3%	362	67,7%	535	100,0%
andere ja	17	42,5%	23	57,5%	40	100,0%
niemand - zu privat ja	28	31,5%	61	68,5%	89	100,0%

8.4 Die CHAID-Analyse

Mit Hilfe eines Segmentierungs-Verfahrens, der CHAID-Analyse, ist es möglich, alle vorhandenen Datensätze der unabhängigen Variablen in Abhängigkeit von der sexuellen Zufriedenheit so aufzugliedern, dass signifikante Gruppenunterschiede in einer Übersicht dargestellt werden können. Das CHAID-Verfahren beginnt mit einer systematischen Gliederung einzelner Gruppen, in Abhängigkeit von den höchsten vorkommenden signifikanten Unterschieden. Für das Verfahren werden nur Gruppen mit einer bestimmten Mindestanzahl von Datensätzen genutzt. Gemäß den Standardvorgaben muss eine zu teilende Gruppe mindestens eine Datenmenge von N=100 und eine aufgegliederte Gruppe von N=50 besitzen. Kleinere Gruppen bleiben in der CHAID-Analyse unberücksichtigt.

In der CHAID Analyse besteht die höchste Signifikanz (<0,0001) für die Frage „außereheliche Beziehungen" zwischen den Gruppen „nie" versus „nur in Gedanken, einmal, mehrmals" (sexuelle Zufriedenheit: 38,699 vs. 33,223 von 49 möglichen Punkten). Werden die weiteren Aufgliederungen berücksichtigt, wird erkennbar, dass zur Gruppe mit der höchsten sexuellen Zufriedenheit (44,4 von 49 möglichen Punkten) die Menschen gehören, die in ihrer Ehe niemals untreu waren, 2-3-mal pro Woche oder häufiger Geschlechtsverkehr haben und eine freizügige Einstellung zur Sexualität angeben. Einen hohen Wert bezüglich der sexuellen Zufriedenheit weisen auch die Personen auf, die niemals untreu waren, häufig Geschlechtsverkehr haben, eine gemäßigte oder konservative Einstellung haben und überwiegend durch die Eltern aufgeklärt wurden (43,286). Allgemein hohe Werte sexueller Zufriedenheit zeigen die Testpersonen, die niemals untreu waren und regelmäßig Geschlechtsverkehr haben (41,819). Gleichzeitig erzielen die Testpersonen, die in ihrer Ehe untreu waren, 2-3-mal pro Woche oder häufiger Geschlechtsverkehr haben und häufig oder regelmäßig manuelle Befriedigung praktizieren, einen relativ hohen Wert an sexueller Zufriedenheit (41,000).

Die Gruppe mit der geringsten sexuellen Zufriedenheit stellen die Personen dar, die in ihrer Ehe untreu waren, selten Geschlechtsverkehr praktizieren und vorsichtig oder ablehnend gegenüber alternativen Praktiken sind (hier: nie bzw. 1-mal orale Praktiken probiert haben). Ihre sexuelle Zufriedenheit sinkt auf durchschnittlich 25,014 von 49 möglichen Punkten. Einen ebenfalls geringen Wert sexueller Zufriedenheit (26,2807) weisen die Personen auf, die niemals untreu waren und nie oder selten Geschlechtsverkehr praktizieren.

9. Diskussion

Bei der Interpretation der vorliegenden Studie ist die überdurchschnittlich hohe sexuelle Zufriedenheit bei freikirchlich orientierten Christen als das signifikanteste – und vielleicht auch als das überraschendste – Ergebnis zu nennen. Wie im Gliederungspunkt 8.1 schon erwähnt, widerspricht dieses Ergebnis der oftmals vertretenen Meinung, dass Christen verklemmt und prüde seien. Nach Auswertung dieser empirischen Arbeit hingegen sind diese und ähnliche vorwurfsvolle Behauptungen nicht länger haltbar. Selbst unter dem Aspekt, dass für die sexuelle Zufriedenheit keine Normalverteilung vorliegt, kann die Schlussfolgerung aufrecht erhalten werden, dass Christen Sexualität als etwas „Positives" und „Schönes" betrachten. Insgesamt ist dieses Ergebnis – zumindest für den deutschsprachigen Raum – als „bahnbrechend" zu bezeichnen.

Betrachtet man die Ergebnisse der CHAID-Analyse, so lässt sich feststellen, dass eine praktizierte sexuelle Treue – wie sie in christlichen Kreisen als moralisches Prinzip vehement gefordert wird – tatsächlich *den* entscheidenden Faktor für die sexuelle Zufriedenheit in einer christlichen Ehe darstellt.

Eine ebenfalls hohe Relevanz für die sexuelle Zufriedenheit kann in einer „gewissen Regelmäßigkeit" des Geschlechtsverkehrs gesehen werden. So weisen Partner mit einem relativ zurückhaltenden Sexualleben (max. 1-4-mal im Monat), gegenüber sexuell aktiveren Personen, signifikant niedrigere Werte für sexuelle Zufriedenheit auf.

Ein weiterer interessanter Aspekt ist darin zu sehen, dass Partner, die in ihrer Ehe schon einmal untreu waren (*in vivo* oder *in sensu*) und trotzdem in ihrer Ehe sexuell aktiv sind, signifikant sexuell zufriedener sind als Vergleichspersonen mit außerehelichen Erfahrungen und geringer sexueller Aktivität. Auch wenn man bei diesem Sachverhalt berücksichtigen muss, dass keine Schlussfolgerungen zur Kausalität möglich sind, sollte insbesondere diese Tatsache in Seelsorge und Beratung Berücksichtigung finden. Es wäre auf Grund der erzielten Ergebnisse falsch, wenn sich Partner auf Grund von Enttäuschung, Verletztheit, Rache und ähnlichen Emotionen sexuell verweigern würden bzw. die sexuelle Aktivität der Partner insgesamt sinken würde. Aus therapeutischer Sicht sollte „Betroffenen" demzufolge im Rahmen einer seelsorgerlichen oder therapeutischen Begleitung vor allem auch Mut zu (weiteren) sexuellen ehelichen Aktivitäten zugesprochen werden.

Als übergeordnetes Ziel für eine glückliche und sexuell zufriedene Ehe auf Grund von Ergebnissen der Studie, insbesondere der CHAID-Analyse, könnte man folgende Empfehlung aussprechen: Die sexuelle Zufriedenheit kann in einer Partnerschaft erhöht werden, wenn in dieser Treue und Vertrauen, ein Mindestmaß an sexueller Aktivität sowie Toleranz und Spielraum gegenüber „neuen" Sexualpraktiken existieren. Für „neue" Sexualpraktiken in einer Ehe sollte das Prinzip gelten: Es ist alles erlaubt (auszuprobieren), wozu beide Partner uneingeschränkt bereit sind.

Weiterhin bemerkenswert ist das Ergebnis der Bedeutung von vorehelichem Geschlechtsverkehr auf eine spätere sexuelle Zufriedenheit. Eine Erklärung dafür, dass voreheliche sexuelle Beziehungen keinen Einfluss auf die sexuelle Zufriedenheit in der Ehe ausüben, könnte darin gefunden werden, dass (auch) Christen verstärkt voreheliche Beziehungen als etwas „Normales" betrachten. Zu diesem Ergebnis kam BOCHMANN in seiner Studie (S. 22ff), die die kognitive Einstellung und Praxis zum vorehelichen Geschlechtsverkehr von christlichen Jugendlichen untersuchte und eine Kongruenz von Denken und Handeln feststellte. In diesem Zusammenhang muss darauf hingewiesen werden, dass mit dem Ergebnis der explorativen Studie eine Diskussion und Bewertung unter moralischen Gesichtspunkten aus theologischer Sicht an dieser Stelle nicht erfolgen kann.

Vergleicht man die Aussagen der Literaturrecherche mit den Ergebnissen der explorativen Studie, so kann folgendes Fazit gezogen werden: Berücksichtigt man die hohe Akzeptanz christlicher Literatur als Aufklärungs- und Informationsquelle für Fragen der Sexualität im Allgemeinen und der Sexualerziehung im Besonderen, muss davon ausgegangen werden, dass der Anspruch christlicher Veröffentlichungen den Bedürfnissen der Realität oftmals nicht gerecht wird. Beispielhaft dafür sind die Erwartungen und Forderungen sowie vor allem die Argumente für eine sexuelle Enthaltsamkeit vor der Ehe, welche sich durch die empirische Arbeit in keiner Weise legitimieren ließen.

Gleichzeitig ist zu beobachten, dass moralische Prinzipien christlicher Sexualerziehung durchaus ihre Berechtigung haben. So spiegeln Umfrageergebnisse tatsächlich in der Literatur genannte Konsequenzen vertretener Standpunkte wider. Als Beispiel soll hier noch einmal auf die Auswirkung von Untreue auf die sexuelle Zufriedenheit in einer Ehe hingewiesen werden. Eine explizite Gegenüberstellung und Bewertung von Ergebnissen diverser Literaturaussagen und Items der Umfrage kann im Rahmen dieser Arbeit leider nicht erfolgen.

Gleichfalls ist es nicht möglich, mit den Ergebnissen der vorliegenden Studie auf kausale Zusammenhänge von sexueller Zufriedenheit und entsprechenden (unabhängigen) Faktoren zu schließen. Vor allem die Untersuchung von Kausalitäten stellt für weitere Studien eine ernst zu nehmende Herausforderung dar.

Für die Praxis in Seelsorge und Beratung ergeben sich aus den gewonnenen Ergebnissen folgende Konsequenzen: Zum einen erscheint eine sachliche, aufrichtige und zeitgemäße Aufklärung auch – bzw. besonders – für christliche Jugendliche dringend geboten und zum anderen gewinnt auch eine professionelle Ehevorbereitung und Begleitung bei Problemen in der Ehe von Paaren an Bedeutung.

Insgesamt sollte die Diskussion im christlichen Umfeld über Sexualität und Sexualerziehung transparenter und ehrlicher gestaltet werden. Starre und „nicht zu hinterfragende" moralische Postulate werden in Zukunft mit hoher Wahrscheinlichkeit immer weniger Akzeptanz bei Christen finden. Diese Tendenz lässt sich anhand der Umfrage erkennen. Fatal wäre nun andererseits, alle ethischen Prinzipien „über Bord" zu werden. Diese Verfahrensweise würde dem

Einzelnen wohl genau so wenig helfen wie die mit „erhobenem Zeigefinger" vertretenen Erwartungen. Vielmehr sollte Jugendlichen, die „am Anfang" ihrer Sexualentwicklung stehen, sowie denen, die in einer partnerschaftlichen Beziehung leben, ein „geschützter" Freiraum für entsprechende Probleme und Fragen zur Verfügung stehen.

Wie an anderer Stelle schon erwähnt, kann es nicht Aufgabe dieser Arbeit sein, moralische Forderungen in einem christlichen Kontext auf ihre Richtigkeit zu prüfen. Das Ziel der vorliegenden Arbeit, die explorative Studie, und der Vergleich dieser mit der Literatur konnte erreicht werden. Theologen, Psychologen und Sozialpädagogen sind auf Grund der gewonnenen Ergebnisse gefordert, gemeinsam bestehende christliche Wertmaßstäbe neu zu überdenken und so zu begründen, dass diese einer ethischen Prüfung im biblischen Kontext Stand halten.

Weiterhin sollte es Ziel empirischer Forschung sein, sowohl Hintergründe als auch konkrete psychische und soziale Auswirkungen („falscher") christlicher Sexualerziehung aufzuzeigen und damit Lösungsansätze und Methoden für eine erfolgreiche sexuelle Aufklärung und Erziehung einerseits, sowie für eine professionelle beratende und therapeutische Begleitung andererseits, zu entwickeln.

Fazit: Christen sind insgesamt sexuell sehr zufrieden. Sie sind zufriedener, als es von einer Normalverteilung zu erwarten wäre. Vermutlich ist der entscheidende Faktor die „Treue". Um diesen Sachverhalt aufzuklären, bedarf es weiterer Forschung. Gleichzeitig stellt sich die Frage nach einer repräsentativen Vergleichsstudie, die die sexuelle Zufriedenheit sowohl von Christen als auch Nichtchristen zum Forschungsziel haben sollte.

10. Literatur

ADVENTGEMEINDE. Hg. Gemeinschaft der Siebenten-Tags-Adventisten. Leserbriefe. Sept./Nov. 1985.

AGUILAR, Isidro, und Herminia Galbes. *Die Grosse Saatkorn Gesundheitsbibliothek: Mensch und Familie.* Bd. 1: *Mann, Frau und Partnerschaft.* Übs. Anja Bühling [u. a.]. Lüneburg: Saatkorn, 1996a.

AGUILAR, Isidro, und Herminia Galbes. *Die Grosse Saatkorn Gesundheitsbibliothek: Mensch und Familie.* Bd. 2: *Sexualität und Familienplanung.* Übs. Anja Bühling [u. a.]. Lüneburg: Saatkorn, 1996b.

BELL, Alan P., Martin S. Weinberg und Sue K. Hammersmith. *Der Kinsey Report.* München: Willhelm Heyne, 1982.

BOCHMANN, Andreas. „Zur vor-ehelichen Situation in der Adventgemeinde". *Aller Diener*. 2 (1993): 21-26.

BOCHMANN, Andreas. „Studie zur Jugendsexualität in Berlin und Brandenburg". Institut für Familien- und Sozialforschung der ThHS Friedensau. Unveröff. Studie. 1997.

BORKOWSKI, Michael. „Offener über Sexualität reden". *idea spektrum*. 29/30 (15. Juli 1992): 23.

BORNEMANN, Ernest. *Ullstein Enzyklopädie der Sexualität*. Völlig neu bearb., erw. und korr. Ed. Frankfurt/M, Berlin: Ullstein, 1990. 743-749.

BOVET, Theodor. *Ehekunde*. Teil II. Bern: Paul Haupt, 1962.

BROSIUS, Gerhard, und Felix Brosius. *SPSS Base System und Professional Statistics*. 2. unveränd. Nachdruck. Bonn; Albany [u. a.]: International Thomsen Publishing, 1998.

BUCHER, Anton A. *Einführung in die empirische Sozialwissenschaft*. Stuttgart; Berlin; Köln: Kohlhammer; 1994.

BÜHNE, Wolfgang. *Kann denn Liebe Sünde sein?* Bielefeld: 2. Aufl. Christliche Literatur-Verbreitung, 1997.

BUSCHE, Bernd. Sexualethik kontrovers: Analyse evangelischen Schrifttums zu Sexualität, Partnerschaft und Ehe. Essen: Die Blaue Eule, 1989.

CHAPMAN, Gary. *Die fünf Sprachen der Liebe*. 8. Aufl. Marburg an der Lahn: Francke, 1998.

CHRISTENSON, Larry. *Die christliche Familie*. 3. Aufl. Marburg an der Lahn: Oekumenischer Verlag, 1975.

CHRISTMANN, Fred, Hg. *Heterosexualität*. Berlin, Heidelberg, New York, London, Paris, Tokyo: Springer, 1988.

DAVIS, Ken. *Barfuß im Dschungel*. 4. Aufl. Asslar: Klaus Gerth, 1999.

DEATRICK, Mary. *Meine Freude ist deine Freude*. Asslar: Klaus Gerth, 1990.

DIEKMANN, Andreas. *Empirische Sozialforschung*. Reinbek bei Hamburg: Rohwohlt, 1995.

DIETERICH, Michael. „Sexualität – nein danke?" *idea spektrum*. 4 (22. Jan. 1992): 19-20.

DIETERICH, Michael. *Handbuch Psychologie und Seelsorge*. 4. durchgesehene Aufl. 1995. Wuppertal und Zürich: R. Brockhaus, 1989.

DIETERICH, Michael, und Jörg Dieterich, Hg. *Wörterbuch Psychologie und Seelsorge*. Wuppertal: R. Brockhaus, 1996. 330-331.

DIETERICH, Michael, und Hilde. „Wenn man Liebe lernen muss". Unveröffentlichtes Manuskript. 1997.

DOBSON, James. *Der christliche Familienratgeber*. 2. Aufl. Mainz-Kastel: Projektion J Verlag, 1991.

DOBSON, James. *Der große Familien- und Erziehungsratgeber*. Neuhausen-Stuttgart: Hänssler, 1998.

DORSCH, Friedrich. *Psychologisches Wörterbuch*. Hg. Friedrich Dorsch. 11., erg. Aufl. Bern; Stuttgart; Toronto: Huber, 1987. 610.

DSM-IV: Diagnostisches und Statistisches Manual Psychischer Störungen DSM-IV. Übersetzt nach der vierten Auflage des Diagnostic and statisitical manual of mental disorders der American Psychiatric Association / dt. Bearb. und Einf. von Henning Saß [u. a.]. Göttingen; Bern; Toronto; Seattle: Hogrefe, 1996.

EICHNER, Klaus, und Werner Habermehl. *Der RALF-Report: Das Sexualverhalten der Deutschen.* Hamburg: Hoffmann und Campe, 1978.

EGGERS, Ulrich, & Team. „Editorial". *FAMILY.* (1/2000): 3.

ELMER-DEWITT, Philip, und Ulrich Eggers. „Sex in Amerika". *FAMILY.* (4/1995): 10-11.

ERBEN, Andreas. „Warum adventistische Familien zerbrechen". *Adventecho* 93.6 (1994): 11.

ERBEN, Andreas. „Predictors of divorce adjustment among members of three conservative protestant denominations". [Masch.-schr.] Diss. Andrews University, 1997: 4.

ERBEN, Andreas. „Scheidungsprobleme konservativer protestantischer Christen in den USA". *Aller Diener.* 1 (1998): 58-60.

ERNST, Heiko. „Religion – die Rückkehr des Verdrängten?" *Psychologie Heute* 24.6 (1997): 21.

EVANGELISCHES KIRCHENLEXIKON. Internationale theologische Enzyklopädie. 1 Bd. 3. Aufl. (Neufassung) Göttingen: Vandenhoeck & Ruprecht, 1986. 1359-1362.

FISCHER, Christoph. „Die letzten Geheimnisse des Sex". *Bild.* (1. Febr. 2000): 1, 7.

FISCHER, Jochen. *Wir zwei wollen es besser machen.* Lahr: Ernst Kaufmann, 1973.

FRYLING, Alice und Robert. *Kurs Ehe.* Bearb. von Hartmut Behnke. Wuppertal und Zürich: R. Brockhaus, 1980/1993.

GEEST, Hans van der. *Verschwiegene und abgelehnte Formen der Sexualität. Eine christliche Sicht.* Zürich: Theologischer Verlag, 1990.

GÖTZ, Michael. „Das Verhältnis zum anderen Geschlecht vor der Ehe". Unveröff. Diplomarbeit, ThHS Friedensau, 1986. 26-32.

GRAU, Ina, und Martin Kumpf. „Liebe, Sexualität, Zufriedenheit bei Frauen und Männern". *Zeitschrift für Sozialpsychologie.* (1993): 83-93.

HAEBERLE, E. J. *Die Sexualität des Menschen: Das Standardwerk.* 2. erw. Aufl. Hamburg: Nikol, 1985.

HAMPEL, Günther. *Ich möchte gerne glücklich sein.* Hg. Gemeinschaft der STA. Berlin: Union, 1984.

HART, Archibald. *Lust oder Last.* Asslar: Schulte & Gerth, 1995.

HART, Archibald. Sexualität im System. In: Michael Dieterich, Hg. *Der Mensch in der Gemeinschaft.* Institut für Psychologie und Seelsorge der ThHS Friedensau. Orsingen: M. Stiegler, 1997.

HAUER, Gerhard. *Sehnsucht nach Zärtlichkeit.* Kehl/Rhein: Editions Trobisch, 1981.

HEIL, Hans-Joachim, und Gerhard Naujokat, Hg. *Der sexte Sinn.* Neuhausen-Stuttgart: Hänssler, 1988.

HEIL, Ruth. „Mein Mann braucht keinen Sex". *Lydia.* (4/1997): 38-40.

HUNTEMANN, Georg. *Der Aufstand der Schamlosen.* 2. Aufl. Wuppertal: R. Brockhaus, 1971.

HYBELS, Bill, und Rob Wilkins. *Lust und Frust.* Wuppertal und Zürich: R. Brockhaus, 1995.

ICD-10: Internationale Klassifikation psychischer Störungen, Kapitel V (F) Klinisch-diagnostische Leitlinien. Übers. und hrsg. von H. Dilling. 2., korr. Aufl. 1993. Bern; Göttingen; Toronto; Seattle: Hans Huber, 1997.

JAKOB, Barbara. „Als Frau Sex genießen...". *FAMILY* (2/2000): 20-22.

JAKOB, Barbara. „Kein guter Sex ohne gute Kommunikation". Gesprächsforum. *FAMILY:* (2/1997): 22-23.

JOANNIDES, Paul, Hg. *Wild Thing: Sex Tips for Boys and Girls.* München: Wilhelm Goldmann, 1998.

KELSEY, Morton, und Barbara Kelsey. *Sünde, Tabu oder Geschenk.* München: Claudius, 1994.

KENTLER, Helmut. *Taschenlexikon Sexualität.* Unter Mitarb. Von: Renate Dorn-Moelle [u.a.]. Düsseldorf: Schwann, 1982. 254-255.

KERSCHER, Ignatz, Hg. *Konfliktfeld Ehe.* Im Auftrag der Gesellschaft zur Förderung Sozialwissenschaftlicher Sexualforschung (GFSS). Neuwied und Darmstad: Luchterhand, 1977.

KNIGHT, John F. *Wenn Jungen erwachsen werden...* Hamburg: Saatkorn-Verlag, (1981).

KNIGHT, John F. *Wenn Mädchen erwachsen werden...* Hamburg: Saatkorn-Verlag, (1981).

KNORRE, Heinrich von. Ein Beitrag aus psychoanalytischer Sicht. In: Michael Dieterich, Hg. *Wenn der Glaube krank macht: Psychische Störungen und religiöse Ursachen.* 2. Aufl. Wuppertal und Zürich: R. Brockhaus, 1992.

KROMREY, Helmut. *Empirische Sozialforschung.* 4. durchgesehene Aufl. Opladen: Leske und Budrich, 1990.

KUBO, Sakae. *Theology & Ethics of Sex.* Tennessee: Review and Herald Publishing Association, 1980.

LAHAYE, Tim. *So verschieden – doch glücklich verheiratet.* Erzhausen: Leuchter-Verlag eG, 1992.

LAHAYE, Tim und Beverly. *Wie schön ist es mit dir.* 3. Aufl. Asslar: Gerth Medien, 1999.

LEXIKON FÜR THEOLOGIE UND KIRCHE. Hg. Walter Kasper [u. a.] 4. Bd. 3., völlig neu bearb. Aufl. Freiburg im Breisgau; Basel; Rom; Wien: Herder, 1995. 115-116.

MASTERS, William, und Virginia Johnson. *Spass an der Ehe.* München: Wilhelm Heyne, 1981.

MASTERS, William H., Virginia E. Johnson u. Robert C. Kolodny. *Heterosexualität: Die Liebe zwischen Mann und Frau.* Wien: Ueberreuter, 1996.

MAZAT, Alberta. *Damals in Eden...: Gottes Gabe der Sexualität.* Hamburg: Advent-Verlag, (1984).

MÜLLER, Harry. *Eheseminar mit Pfiff.* 2. Aufl. Neuhausen-Stuttgart: Hänssler, 1992.

MÜLLER, Michael & Team. „Wahre Liebe wartet" Hg. Christen für die Wahrheit e. V. Gschwend; [2000].

NAUJOKAT, Gerhard. *Liebe, Ehe, Elternschaft: Maßstäbe biblischer Ethik.* Kassel: Weißes Kreuz, 1978.

NAUJOKAT, Gerhard. *Verschwiegene Gefühle.* Vellmar-Kassel: Weißes Kreuz, 1992.

NAUJOKAT, Gerhard. *Chancen in der Ehekrise: Hilfe bei sexuellen Konflikten.* Neuhausen/Stuttgart; Ahnatal/Kassel: Hänssler; Weißes Kreuz, 1996a.

NAUJOKAT, Gerhard. *Alleinstehend?!: Die Single- und Scheidungsgesellschaft.* Neuhausen-Stuttgart: Hänssler, 1996b.

NAUJOKAT, Gerhard. „Den Körper erleben: Weibliche und männliche Sexualität in der Ehe". *Sexualethik und Seelsorge.* Nr. 115 (II/1999): 14-16.

NITSCHE, Walter. *Erfüllende Sexualität.* Berneck: Schwengeler, 1989.

PENNER, Clifford, und Joyce. *Meine Liebe schenk' ich Dir.* 2.Aufl. Kehl: Editios Trobisch, 1996.

PHILLIPS, John L. *Statistisch gesehen.* Basel; Boston; Berlin: Birkhäuser, 1997.

PLIES, Kerstin, Bettina Nickel und Peter Schmidt. *Zwischen Lust und Frust – Jugendsexualität in den 90er Jahren.* Opladen: Leske + Budrich, 1999.

RUTHE, Reinhold. *Intim gefragt – offen geantwortet.* Wuppertal: Aussat Verlag, 1968.

SAHLIN, M., & Sahlin, N. (1997) A new generation of Adventist families. Portland, OR: Center for Creative Ministry. Zit. in: Erben, Andreas. „Predictors of Divorce Adjustment Among Members of Three Conservative Protestant Denominations". [Masch.-schr.] Diss. Andrews University, 1997: 4.

SCHALL, Traugott Ulrich. *Eheberatung – Konkrete Seelsorge in Familie und Gemeinde.* Stuttgart [u. a.]: W. Kohlhammer, 1983.

SCHERLIES, Alfred. „Selbsthilfegruppen für sexuelle Konflikte". *Sexualethik und Seelsorge.* Nr. 111 (II/1998): 20-21.

SCHEUNEMANN, Volkhard und Gerlinde. *Ehe und Familie in biblischer Sicht.* 12. überarb. Aufl. Missionswerk Werner Heukelbach, 1998.

SCHMIDT, Gunter, Hg. *Jugendsexualität.* Beiträge zur Sexualforschung 69. Hg. Martin Dannecker, Gunter Schmidt, und Volkmar Sigusch. Stuttgart: Ferdinand Enke, 1998.

SCHMIDT, Gunter, und Bernhard Strauß, Hg. *Sexualität und Spätmoderne.* Beiträge zur Sexualforschung 76. Hg. Martin Dannecker, Gunter Schmidt, und Volkmar Sigusch. Stuttgart: Ferdinand Enke, 1998.

SCHNABL, Siegfried. *Intimverhalten, Sexualstörungen, Persönlichkeit.* 5. Aufl. Berlin: Deutscher Verlag der Wissenschaften, 1972.

SCHNABL, Siegfried. *Mann und Frau intim.* 5. unveränd. Aufl. Berlin: Verlag Volk und Gesundheit, 1972.

SCHNEIDER, E, Hg. *Nutze die Heilkräfte für Seele und Geist.* 2. Aufl. Hamburg: Saatkorn-Verlag, 1983.

SICHTERMANN, Barbara. Sex im Fernsehen oder die Leichtigkeit, mit der über Sexualität gesprochen wird. In: Schmidt, Gunter, und Bernhard Strauß, Hg. *Sexualität und Spätmoderne.* Beiträge zur Sexualforschung 76. Hg. Martin Dannecker, Gunter Schmidt, und Volkmar Sigusch. Stuttgart: Ferdinand Enke, 1998.

SOUTHEASTERN CALIFORNIA CONFERENCE OF SEVENTH-DAY ADVENTISTS. (1994). Family crisis survey. Unpublished manuscript. Zit. in: Erben, Andreas. „Predictors of Divorce Adjustment Among Members of Three Conservative Protestant Denominations". [Masch.- schr.] Diss. Andrews University, 1997: 4.

STARR, Bernhard, und Marcella Weiner. *Liebe im Alter.* Bern, München, Wien: Scherz, 1998.

STERNBERG, R. J. (1986). A triangular theory of love. *Psychology Review,* 93, 119-135. Zit. in: Grau, Ina, und Martin Kumpf. „Liebe, Sexualität, Zufriedenheit bei Frauen und Männern". *Zeitschrift für Sozialpsychologie.* (1993): 83-93.

STRAUCH, Diethelm, und Gerti. „Sich Lust erlauben, Wachstum fördern". Ein Gesprächsforum. *FAMILY.* (4/1999): 28-30.

TREECK, Klaus-J. van, (Zusammenstellung). „Umfrage unter adventistischen Familien". Unveröffentlichte Studie, 1995.

TREECK, Klaus van. „Ehe ist mehr... Was man über eine gute Lebenspartnerschaft (vorher) wissen sollte". *Adventecho* 97.6 (1998): 4-6.

TREECK, Klaus van, und Andreas Bochmann. „Missbrauch in adventistischen Familien". *Aller Diener.* 1 (1998): 61-69.

TRILLHAAS, Wolfgang. *Sexualethik.* Göttingen: Vandenhoeck & Ruprecht, 1969.

WEIG, Wolfgang. „Erfahrungen mit einem Programm zur Verbesserung der sexuellen Zufriedenheit". *Sexuologie.* 4 (3 1996): 222-231.

WEIG, Wolfgang. „Sexuelle Gesundheit und die Entwicklung einer prophylaktischen Sexualmedizin". Nach einem Vortrag bei der 5. Jahrestagung der Akademie für Sexualmedizin... Osnabrück, 13.06. 1998.

WHEAT, Ed. *Liebe ist Leben.* Asslar: Schulte + Gerth, 1983.

WHEAT, Ed. *Just married.* Asslar: Klaus Gerth, 1993.

WHEAT, Ed und Gaye. *Hautnah.* Asslar: Schulte & Gerth, 1999.

WHITE, E. G. *Glück beginnt zu Hause.* Hg. Gemeinschaft der Siebenten-Tags-Adventisten. Berlin: Union Verlag, 1979.

WITTSCHIEBE, Charles, E. *God inventend Sex.* 2. Aufl. Southern Publishing Association, Nashville, Tennessee, 1974.

ZILBERGELD, Bernie. *Die neue Sexualität der Männer.* Deutsche Gesellschaft für Verhaltenstherapie. 2. korr. Aufl. 1994; Tübingen: Dgvt-Verlag, 1996.

Glauben und Sexualität

Andreas Bochmann

1. Einleitung

Während NÄTHER (S. 58ff) die sexuelle Zufriedenheit christlicher Paare im Zusammenhang mit zahlreichen Variablen sehr eindrucksvoll untersucht hat, ist gerade der Zusammenhang zwischen Glauben und Sexualität nur implizit belegt. So konnte Näther beispielsweise zeigen, dass charismatische Christen eine höhere sexuelle Zufriedenheit haben als andere Christen (S. 106f). Allerdings sollte dieses Ergebnis sehr vorsichtig interpretiert werden.[1] Die Variable Gottesdienstbesuch als ein mögliches (und häufig genutztes) Kriterium zum Messen der Glaubensorientierung jedenfalls zeigte keine Ergebnisse.

Es gibt jedoch eine ganze Reihe von Veröffentlichungen und Studien, die eine deutliche positive Korrelation zwischen Glauben oder Spiritualität einerseits und Partnerschaft andererseits nahe legen (OLSON 2000, GOTTMAN 2000, BOCHMANN 1993, GREELEY 1991, LARSEN 1989). Lässt sich ein solcher Zusammenhang auch speziell zwischen Glauben und ehelicher Sexualität nachweisen? Genau dieser Frage möchte dieser kleine Forschungsbeitrag nachgehen.

2. Methodik

2.1 Instrumentarium

Für diese Untersuchung wurden bestehende anonymisierte Daten des international eingesetzten und auch in Deutschland bewährten Instrumentariums ENRICH (OLSON 1996) verwendet. Dabei handelt es sich um ein von David H. OLSON (emeritierter Professor für Familien- und Sozialforschung an der Universität von Minnesota) und Mitarbeitern entwickeltes Inventar für die Paarberatung, das mithilfe

---

[1] Eine Interpretation für das (ohnehin eher kleine) Ergebnis ist die höhere Bereitschaft und Fähigkeit charismatisch orientierter Menschen, zu regredieren, also sich „kindlich" gehen zu lassen. Diese Eigenschaft würde sich sowohl auf die gelebte Spiritualität als auch auf die Sexualität auswirken, ohne dass ein direkter Zusammenhang zwischen Glauben und Sexualität bestünde.

von 165 Items, die auf einer Likert Skala von einem Paar beantwortet werden, Stärken und „Wachstumsbereiche" der Partnerschaft herausarbeitet. Die Validität und Reliabilität des Instrumentariums ist in zahlreichen Untersuchungen dokumentiert worden (u.a. LARSEN & OLSON 1989; FOWERS & OLSON 1989; BOCHMANN 1993; FOWERS, MONTEL & OLSON 1996; siehe auch OLSON 1996 und BOCHMANN 2002).

Den Kern des Instrumentariums bilden neben einer systemischen Strukturanalyse (OLSON, RUSSEL & SPRENKEL 1989) der Paarbeziehung und Herkunftsfamilien elf aus der Literatur für die Partnerschaft gewonnenen Testkategorien, die die folgenden Bereiche der Partnerschaft abdecken.

Eheliche Zufriedenheit	Persönlichkeit
Kommunikation	Konfliktlösung
Finanzen	Freizeitgestaltung
Sexualität	Kinder und Elternschaft
Familie und Freunde	Religiöse Ausrichtung
Rollenverständnis	

Für den Zweck dieser Untersuchung interessiert uns vor allem die Teilmenge der Kategorien „Sexualität" und „Religiöse Ausrichtung". Die Kategorie Sexualität beschreibt sexuelle Zufriedenheit durch zehn Items, die sowohl Sexualverhalten als auch Kommunikation über Sexualität ansprechen. Die Kategorie „Religiöse Ausrichtung" deckt in zehn Items ein sehr weites Spektrum von innerer Spiritualität bis hin zu externer Religionsausübung und intellektueller Übereinstimmung mit Überzeugungen der eigenen Konfession. Trotz der relativ hohen „Bandbreite" weisen beide Kategorien einen erstaunlich hohen α-Wert auf (bei der verwendeten Stichprobe für Sexualität: 0,86 und für religiöse Ausrichtung: 0,83), so dass von einer sehr stabilen Skala auszugehen ist.

2.2 Stichprobe

Im deutschsprachigen Raum arbeiten über tausend Seelsorgerinnen und Seelsorger, Eheberaterinnen und Eheberater, sowie Therapeutinnen und Therapeuten unterschiedlicher Profession und Konfession mit dem Instrumentarium und senden es in anonymisierter Form zur zentralen Auswertung ein. Dadurch entstehen Datenbestände, die eine fortlaufende Kontrolle der psychometrischen Eigenschaften des Instrumentes, aber auch Forschungsprojekte wie dieses ermöglichen. Aus den Datenbeständen hat das PREPARE/ENRICH Büro für den deutschsprachigen Raum 588 Datensätze aus den Jahren 1997-2001 zur Analyse zur Verfügung gestellt. Bei der Stichprobe war hinsichtlich der relevanten Eigenschaften eine annähernde Normalverteilung festzustellen.

2.3 Verfahren

Auf der Basis der hohen α-Werte wurden die richtig gepolten Werte aus den jeweils zehn Items in zwei neuen Variablen („Glauben" und „Sexualität") addiert. Anschließend wurden die beiden Variablen miteinander korreliert und der Pearson Korrelationskoeffizient ermittelt und grafisch dargestellt.

3. Ergebnis

Der Pearson Korrelationseffizient zwischen „Glaube" und „Sexualität" zeigt mit 0,360 eine mittlere, aber hochsignifikante (p<0,001) Korrelation. Betrachtet man die grafische Darstellung des Ergebnisses, lassen sich interessante Einsichten gewinnen.

Es ist unschwer zu erkennen, dass es nur wenige „Ausreißer" nach oben in der linken Hälfte der Grafik, jedoch viele in der rechten nach unten gibt. Das bedeutet, dass es zwar viele „Fromme" mit geringer sexuellen Zufriedenheit, aber wenig „Kleingläubige" mit hoher sexueller Zufriedenheit gibt. Dies liegt z.T. an der Stichprobe, da Menschen mit ausgeprägtem Glauben etwas überrepräsentiert sind. Sehr wahrscheinlich handelt es sich aber auch um ein echtes Ergebnis:

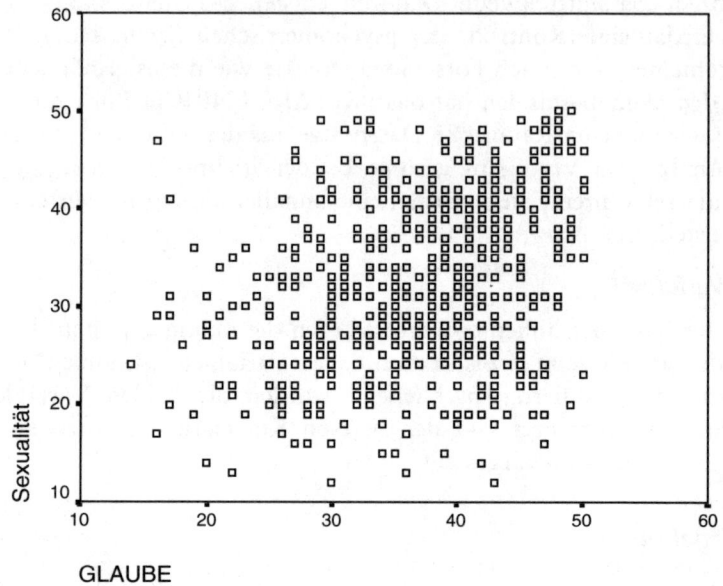

GLAUBE

Mangelnder Glaube erschwert hohe sexuelle Zufriedenheit. Eine hohe Glaubensbindung kann wesentlich zu einer großen sexuellen Zufriedenheit beitragen – sie muss es aber nicht! Hier liegt die Vermutung nahe, dass Verklemmtheiten aus Erziehung oder theologischer Orientierung die sexuelle Zufriedenheit behindern. Um auszuschließen, dass demographische Variablen wie Geschlecht, Alter, Konfession und Wohnort das Ergebnis verzerren, wurde zusätzlich eine Exhaustive CHAID Analyse[2] erstellt.

Dabei wurde festgestellt, dass kein demographischer Faktor eine höhere Signifikanz hinsichtlich sexueller Zufriedenheit aufwies als der Faktor „Glaube". Paare mit höheren Werten bei Glauben wiesen jedoch signifikant höhere sexuelle Zufriedenheit auf, wenn sie sich als eher progressiv beschrieben. Bei Partnern mit mittleren Werten im Bereich Glauben zeigten Frauen eine signifikant höhere sexuelle Zufriedenheit als Männer. Bei Partnern mit eher niedrigen Werten in Glaubensausrichtung verringerte der Gedanke an eine Scheidung

---

[2] Dabei handelt es sich um eine besonders gründliche automatisierte Chi-Quadrat Analyse des Statistikprogrammes SPSS.

(„jemals Scheidung erwogen") die Werte für sexuelle Zufriedenheit noch einmal signifikant.[3]

4. Diskussion

Wenngleich die Ergebnisse bei Kenntnis der Literatur nicht überraschend sein dürften, ist ihre Eindeutigkeit dennoch beeindruckend. Sie verifizieren zugleich die Ergebnisse von NÄTHER. Christen haben eine erfüllte und erfüllende Sexualität: Je gläubiger, desto mehr. Gerade in christlichen Kreisen höre ich immer wieder kritische Zweifel, ob Christen tatsächlich sexuell so glücklich und zufrieden seien. Offensichtlich werden die Klischees der Medien, die gläubigen Menschen sexuelle Genussfähigkeit fast schon per Definition absprechen, leichter geglaubt, als gerechtfertigt ist. Umgekehrt wird „ein Schuh" daraus: Menschen mit geringer Glaubensbindung erreichen sehr viel seltener hohe sexuelle Zufriedenheit.

Die Gründe dafür ließen sich „transzendent" mit Gottes Segen erklären. Doch gibt es auch ganz immanente Vermutungen, weshalb die sexuelle Zufriedenheit bei gläubigen Christen so hoch ist. Folgende Vermutungen möchte ich thesenartig zugespitzt zur Diskussion stellen:

Christen haben eine höhere Bindungsbereitschaft und Bindungsfähigkeit. Gerade in der Bindungslosigkeit der Postmoderne scheint mir die Bindungsunfähigkeit zunehmend zu einem Problem zu werden, das sexuelle Zufriedenheit behindert. Die Bindung an Gott, das verbindliche Versprechen gegenüber dem Partner sind hier von helfender Bedeutung.

Christen sind an Intimität interessiert und zu Intimität befähigt. GREELEY (1991) macht es – aus wahrlich nicht evangelikaler Perspektive – überdeutlich, wenn er gemeinsames Gebet der Ehepartner als den entscheidendsten Faktor für die Stabilität der Ehe benennt. Intimität aber ist Voraussetzung für dauerhaft erfüllende Sexualität. Hier bietet das biblische Bild vom „Erkennen" einen Hinweis auf die Bedeutung von Intimität.

Christen haben gegenüber Nichtchristen niedrigere sexuelle Erwartungen. Das klingt im ersten Moment vielleicht paradox. Aber

---

[3] Die Formulierung darf nicht darüber hinwegtäuschen, dass Korrelationen keine Kausalität belegen. Natürlich kann auch sexuelle Unzufriedenheit zu Gedanken an eine Scheidung beitragen!

Christen können Sexualität ohne Zwanghaftigkeit genießen, weil andere Dinge wichtiger sind. Sex ist nicht alles im Leben eines Christen. Sex ist weder Droge noch Ersatzreligion, sondern Geschenk eines liebenden Gottes.

Allerdings ist das kleine Ergebnis aus der CHAID Analyse, nach dem sich selbst als „progressiv" beschreibende Gläubige höhere Werte bei sexueller Zufriedenheit erreichen, ebenfalls eine Bestätigung der Ergebnisse von NÄTHER. Menschen mit strenger, gesetzlicher Erziehung oder theologischer Ausrichtung haben es offensichtlich schwerer, sexuelle Erfüllung zu finden. Dies erklärt auch die „Ausreißer nach unten" in der Korrelationsgrafik. Hier ist Aufklärungsbedarf und ein neues Nachdenken über eine Theologie und Ethik der Sexualität dringend erforderlich.

Deshalb möchte ich am Ende dieses Bandes noch einmal die Thesen aus dem einleitenden Kapitel wiederholen und zur Diskussion stellen. Wenn diese Grundannahmen stimmen, dann bedarf es einer Klärung, wie diese Annahmen gläubigen Christen zu sinnvoller – und sinnlicher – Umsetzung vermittelt werden können:

Sexualität ist gut.

Die Würde des Menschen ist unantastbar.

Sexualität darf nicht tabuisiert werden.

Sexualität braucht Schutz.

5. Literatur

BOCHMANN, Andreas, PREPARE/ENRICH – Werkzeug für die Paarberatung, in *DAJEB Informationsrundschreiben*, April 2002, Nr. 204, 19-25.

BOCHMANN, Andreas, *The impact of religious orientation on premarital couples: A cross-cultural and cross-denominational comparison*, Loyola College in Maryland, unveröffentlichte Dissertation, 1993.

FOWERS, Blaine J. / Montel, Kelly H. / Olson, David H., Predicting Marital Success For Premarital Couple Types Based on PREPARE, in *Journal of Marital & Family Therapy*, 1996 Vol. 22, No. 1, 103-119.

FOWERS, Blaine J. / Olson, David H., Four Types of Premarital Couples: An Empirical Typology Based on PREPARE, in *Journal of Family Psychology*, 1992 Vol 6. No. 1. 10-21.

FOWERS, Blaine J. und Olson, David H., ENRICH Marital Inventory: A Discriminant Validity and Cross-Validity Assessment, in *Journal of Marital and Family Therapy* 1989, Vol. 15, No. 1, 65-79.

FOWERS, Blaine J. und Olson, David H., Predicting Marital Success With PREPARE: Predictive Validity Study, in *Journal of Marital and Family Therapy* 1986, Vol. 12, No. 4, 403-413.

GOTTMAN, John M. *Die 7 Geheimnisse der glücklichen Ehe*. München: Marion-von-Schröder-Verlag, 2000.

GREELEY, Andrew M. *Faithful Attraction*. New York: Tor Book, 1991.

LARSEN, Andrea S. und Olson, David H., Predicting Marital Satisfaction Using PREPARE: A Replication Study, in Journal of Marital and Family Therapy 1989, Vol. 15, No. 3, 311-322.

OLSON, David H., *PREPARE/ENRICH Counselor's Manual*, Minneapolis, MN: Life Innovations, 1996.

OLSON, David H. und Olson, Amy K. *Empowering Couples*. Minneapolis: Life Innovations, 2000.

OLSON, David H. und Fowers, Blaine J., Five Types of Marriage: An Empirical Typology Base on ENRICH, in The Family Journal, 1993 Vol. 1, No. 3, 196-207.

OLSON, David. H. / Russel, Candyce S./ Sprenkle, Douglas H. (Hrsg.), *Circumplex Model: Systemic Assessment and Treatment of Families*, Binghamton, NY: Haworth Press, 1989.

Über die Autoren

Andreas Bochmann, Ph.D. (USA), Jahrgang 1959, ist Dozent für Ehe-und Lebensberatung an der Theologischen Hochschule Friedensau, Ehe- und Lebensberater und Supervisor (DGSv). Nach seinem Theologiestudium am Newbold College in England und der Andrews University in den USA und mehrjähriger Tätigkeit als Pastor und Krankenhausseelsorger hat er an der Liberty University einen Master of Arts in Counseling (Beratung) und am Loyola College in Maryland den Grad Doctor of Philosophy in Pastoral Counseling (Seelsorgeberatung/Pastoralpsychologie) erworben.

Ralf Näther, M.A., Jahrgang 1967, ist Dipl. Sozialpädagoge/Dipl. Sozialarbeiter und arbeitet für das Diakonische Werk in Sachsen. Nach Abschluss der hier veröffentlichten, leicht überarbeiteten Diplomarbeit hat er den Grad des Magister Artium im Hauptfach Soziale Verhaltenswissenschaften (Beratung/Counseling) an der Theologischen Hochschule Friedensau erworben.

Die Autoren können kontaktiert werden über:
Theologische Hochschule Friedensau
Christliches Sozialwesen
An der Ihle 5a
39291 Friedensau
andreas.bochmann@thh-friedensau.de